# द डार्क साइड आफ़
# ह्यूमन साइकोलॉजी

सरिता उपाध्याय

टू साइन

प्रकाशक : ट्रू साइन पब्लिशिंग हाउस

पता : 21, द्वितीय तल, कुन्दन नगर, बागमुगलिया,

भोपाल, मध्य प्रदेश - 462026 भारत

ईमेल : truesignbooks@gmail.com

वेबसाइट : www.truesign.in

© प्रकाशकाधीन

द डार्क साइड ऑफ़ ह्यूमन साइकोलॉजी

लेखिका: सरिता उपाध्याय

ISBN: 978-93-6253-277-0

द्वितीय संस्करण: 2024

# परिचय

डार्क साइकोलॉजी वैज्ञानिक दृष्टिकोण से मानव व्यवहार का अध्ययन है। इसमें लोग कैसे कार्य करते हैं और सोचते हैं, इसकी जानकारी प्राप्त करने के लिए अवलोकन संबंधी अध्ययन, मनोवैज्ञानिक परीक्षण, सर्वेक्षण और साक्षात्कार जैसी अनुसंधान विधियों का उपयोग करना शामिल है। लोग जो काम करते हैं वह क्यों करते हैं, बेहतर ढंग से समझने के लिए चेतन और अचेतन दोनों प्रक्रियाओं पर ध्यान देता है।

अधिकांश लोग जानते हैं कि मनोविज्ञान मानव मन और व्यवहार का व्यवस्थित अध्ययन है। हालांकि, बहुत कम लोग डार्क साइकोलॉजी के बारे में जानते हैं, जो मनोवैज्ञानिक अध्ययन की एक शाखा है, जो मानव व्यवहार के अधिक घृणित पहलुओं से संबंधित है। व्यक्तिगत लाभ की खोज में जोड़-तोड़ और धोखे से लेकर पूर्ण आक्रामकता और हिंसा तक सब कुछ इसमें शामिल हो सकता है। डार्क साइकोलॉजी लोगों के व्यवहार को समझने, विश्लेषण करने और उसमें हेरफेर करने पर केंद्रित है। वैसे तो ऐसा सदियों से चला आ रहा है, लेकिन जैसे-जैसे दुनिया अधिक जटिल हो रही है, डार्क साइकोलॉजी तेजी से लोकप्रिय होती जा रही है। यह एक ऐसा विषय है जो रहस्य और गलतफहमी में डूबा हुआ है, जिसमें मानव स्वभाव के गहरे पहलुओं, जैसे हेरफेर, दिमाग पर नियंत्रण और अनुनय को शामिल किया गया है।

इस पुस्तक में, हम डार्क साइकोलॉजी अर्थात अंधेरे मनोविज्ञान के सभी पहलुओं पर चर्चा करेंगे। इस पुस्तक को पढ़ने के बाद न सिर्फ इस विषय में आपकी पकड़ मजबूत होगी, बल्कि

आप अपने कार्यों और दूसरों के कार्यों के बारे में अधिक जानकारी प्राप्त करने की उम्मीद कर सकते हैं। डार्क मनोविज्ञान वह घटना है जिसके द्वारा लोग जो चाहते हैं उसे पाने के लिए प्रेरणा, अनुनय, हेरफेर और जबरदस्ती की रणनीति का उपयोग करते हैं। डार्क साइकोलॉजी अनुनय, फ्रेम नियंत्रण और भावनात्मक नियंत्रण के मनोवैज्ञानिक सिद्धांतों का उन तरीकों से उपयोग है जो दूसरों को नुकसान पहुंचाते हैं।

डार्क साइकोलॉजी उन लोगों की प्रेरणाओं और व्यवहारों की जांच करती है जो हेरफेर और दिमाग पर नियंत्रण का उपयोग करते हैं। मनोवैज्ञानिक हेरफेर तकनीकों में जोड़-तोड़ करने वाले पीड़ितों को नियंत्रित करने के लिए झूठ, इनकार, ध्यान भटकाने और अपराध-बोध का इस्तेमाल करते हैं। यह पुस्तक जोड़-तोड़ करने वालों के इन लक्षणों, हेरफेर तकनीकों और व्यवहार संबंधी प्रवृत्तियों पर गौर करती है, और हेरफेर और शोषण से बचाव के तरीके प्रदान करती है।

# विषयसूची

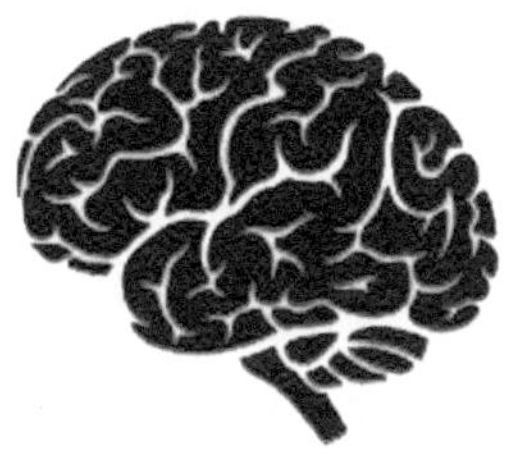

# मनोविज्ञान

**मनोविज्ञान** दो ग्रीक शब्दों 'साइकी' अर्थात आत्मा और 'लॉगोस' अर्थात विज्ञान यानी एक विषय के अध्ययन से बना शब्द हैं। मनोविज्ञान मन, व्यवहार, आत्मा और अनुभव का वैज्ञानिक अध्ययन है। इसका उद्देश्य चेतनावस्था की प्रक्रिया के तत्त्वों का विश्लेषण, उनके परस्पर संबंधों का स्वरूप तथा उन्हें निर्धारित करने वाले नियमों का पता लगाना है।

मनोविज्ञान एक बहुआयामी अनुशासन है और इसके अध्ययन में कई क्षेत्र शामिल हैं जैसे मानव विकास, खेल, स्वास्थ्य, नैदानिक, सामाजिक व्यवहार और संज्ञानात्मक प्रक्रियाएं। मनोविज्ञान की समृद्ध और गहरी समझ प्राप्त करने से लोगों को न केवल अपने कार्यों में अंतर्दृष्टि प्राप्त करने बल्कि अन्य लोगों की बेहतर समझ प्राप्त करने में भी मदद मिल सकती है।

ज्ञान सदा विकसित होता रहता है, इसलिए इसकी किसी भी विद्याशाखा को परिभाषित करना कठिन होता है। यह बात मनोविज्ञान के विषय में और अधिक सही है क्योंकि यह आत्मा तथा मन

का अध्ययन है। संभवत: इसकी विधियां अलग-अलग हैं, क्योंकि ये अध्ययन पर निर्भर करती हैं। जैसा कि हमने पहले पढ़ा कि मनोविज्ञान व्यवहार तथा अनुभव की प्रतिक्रियाओं का अध्ययन करता है। इसमें यह समझने का प्रयास किया जाता है कि मन कैसे कार्य करता है, इंसान के सोचने के तरीके, व्यवहार में बदलाव और इसके कारणों जैसे विषयों पर अध्ययन किया जाता है। इसका उपयोग मानसिक रोगों से छुटकारा पाने के लिए भी किया जाता है।

मन क्या है? आपको अभी तक यह ज्ञात हो गया होगा कि मनोविज्ञान को मन के विज्ञान के रूप में परिभाषित किया जाता रहा है, कई दशकों तक मनोविज्ञान में मन को अछूत माना जाता रहा क्योंकि यह न तो पूर्ण रूप से परिभाषित हो पाया और न ही इसकी स्थिति ज्ञात हो पाई थी। हमें स्पेरी (Sperry) जैसी तंत्रिका वैज्ञानिक एवं पेनरोस (Penrose) जैसे भौतिकविद का आभारी होना चाहिए, जिन्होंने इसे सम्मान दिलाया।

हम सभी लोग एक मनोवैज्ञानिक की तरह कार्य करते हैं, हम यह जानने की कोशिश करते हैं कि कोई व्यक्ति जिस भी रूप से व्यवहार कर रहा है, क्यों कर रहा है। हम सबने मानव व्यवहार के प्रति अपने-अपने सिद्धांत बनाए हैं। अगर हम चाहते हैं कि कोई व्यक्ति ज्यादा अच्छा कार्य करे तो हमें उसे उसके लिए उत्साहित करना पड़ेगा, संभवत: उसे डांटना भी पड़े। आप पाएंगे कि सामान्य ज्ञान पर आधारित व्याख्याएँ अँधेरे में तीर चलाने जैसी सिद्ध होंगी, अर्थात वैज्ञानिक अध्ययन करने पर सही तथा सही नहीं भी हो सकती हैं। मनोविज्ञान द्वारा उत्पादित वैज्ञानिक ज्ञान, सामान्य बोध के प्राय: विरुद्ध होता है।

मनोविज्ञान की प्रसिद्ध घटनाओं में से ऐसी बहुत सी सामान्य बोध घटनाएं हैं, जिन्हें आप सामान्य नहीं मानेंगे। अभी कुछ समय पहले तक कुछ संस्कृतियों का विश्वास था कि पुरुष महिलाओं से अधिक बुद्धिमान होते हैं अथवा पुरुषों की तुलना में महिलाएं अधिक दुर्घटनाएं करती हैं। पर अध्ययनों से ज्ञात हुआ कि ये दोनों धारणाएं गलत हैं। दुर्घटनाएं इस बात पर निर्भर करती हैं, कि अनुभव कितना है, न कि महिला या पुरुष होना दुर्घटनाएं निर्धारित करता है।

मनोविज्ञान को इंग्लिश में साइकोलॉजी कहा जाता है, साइकोलॉजी सीधे मनुष्य के मस्तिष्क से जुड़ी हुई है। मनुष्य का मस्तिष्क हमेशा एक्टिव रहता है, यहां तक कि सोते हुए भी। हमारा मस्तिष्क हमें आसपास की चीजों को समझने और नई चीजों को सीखने में मदद करता है, और सबसे हैरान करने वाली बात तो यह है कि हमें पता ही नहीं कि हमारा मस्तिष्क कितना कार्य करता है। मनोविज्ञान की कई शाखाएं हैं, जिनमें से एक है **डार्क साइकोलॉजी।**

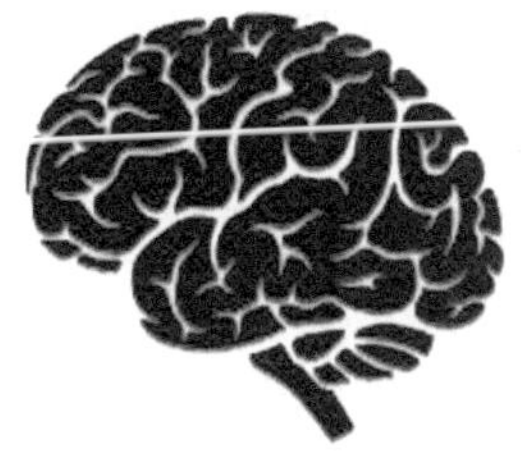

# डार्क साइकोलॉजी

**डार्क साइकोलॉजी** हेरफेर करके मन और मस्तिष्क पर नियंत्रण करने की कला और विज्ञान है। डार्क साइकोलॉजी मनोविज्ञान की वह शाखा है, जिसके द्वारा लोग जो चाहते हैं उसे पाने के लिए प्रेरणा, अनुनय, हेरफेर और जबरदस्ती की रणनीति का उपयोग करते हैं। जिसमें आक्रामकता, कूरता, उत्पीड़न और मनोरोग जैसे विषय शामिल हैं। यह न केवल उस व्यक्ति के लिए फायदेमंद है जो इन रणनीतियों का उपयोग नैतिक या अनैतिक रूप से करता है, यह पीड़ित की क्षमताओं और स्वतंत्रता को भी प्रतिबंधित कर सकता है और उसके लिए हानिकारक भी हो सकता है। इसे बेहतर ढंग से समझने के लिए यह साइकोलॉजी चेतन और अचेतन दोनों प्रक्रियाओं को देखती है कि लोग जो काम करते हैं वह क्यों करते हैं।

डार्क साइकोलॉजी, मनोविज्ञान में मानव स्वभाव के गहरे और बुरे पक्ष की पड़ताल करती है। मैंने इंग्लिश के शब्द 'डार्क'(Dark) का कोई समानार्थी शब्द नहीं लिया है क्योंकि कोई हिंदी शब्द यहाँ इसके लिए उपयुक्त नहीं लगता है। किसी भी शब्द का उचित अर्थ वही माना जाता

है, सामान्य लोग जिस भावार्थ से उसे परिभाषित करते हों। इसलिए डार्क शब्द का वही भावार्थ रखने के लिए यहाँ इसे हिंदी भाषा में भी 'डार्क' (Dark) ही रहने दिया है। दरअसल यह 'डार्क' इसलिए है, क्योंकि इसकी क्रिया प्रणाली लक्षित संदर्भ के लिए गुप्त रहती है। यानी ये सब उसको अंधेरे में रख कर किया जाता है। इसलिए यह 'डार्क' कहलाता है।

डार्क साइकोलॉजी का उपयोग करने से हमें यह समझने में मदद मिल सकती है कि किसी व्यक्ति द्वारा किया गया काम, आखिर क्यों किया गया। उदाहरण के लिए, हमें यह समझने में मदद मिल सकती है कि कोई व्यक्ति एक निश्चित तरीके से व्यवहार क्यों करता है या वह कुछ निर्णय क्यों लेता है।

डार्क साइकोलॉजी का उपयोग पिछले व्यवहारों के आधार पर भविष्य के व्यवहारों की भविष्यवाणी करने के लिए भी किया जा सकता है। यह कई स्थितियों में उपयोगी हो सकता है जैसे ग्राहक के व्यवहार की भविष्यवाणी करना या कर्मचारी के प्रदर्शन की भविष्यवाणी करना। डार्क साइकोलॉजी हमें लोगों के व्यवहार में ऐसे पैटर्न की पहचान करने में भी मदद करती है जो पहली नज़र में स्पष्ट नहीं हो सकते हैं। समय के साथ इन पैटर्नों को देखकर, हम बेहतर ढंग से समझ सकते हैं कि लोग कुछ निर्णय क्यों लेते हैं या कुछ खास तरीकों से व्यवहार क्यों करते हैं। इसके अतिरिक्त, डार्क साइकोलॉजी हमें यह देखने की अनुमति देती है कि परवरिश या संस्कृति जैसे विभिन्न कारक किसी की निर्णय लेने की प्रक्रिया या उनके समग्र व्यवहार को कैसे प्रभावित कर सकते हैं।

## डार्क साइकोलॉजी की मूल अवधारणाएँ

डार्क साइकोलॉजी दो प्रमुख सिद्धांतों पर आधारित है: हेरफेर और अनुनय। हेरफेर में किसी अन्य व्यक्ति पर नियंत्रण पाने के लिए अपनी शक्ति या प्रभाव का उपयोग करना शामिल है; यह अक्सर धोखे या जबरदस्ती पर निर्भर करता है। अनुनय में तार्किक तर्कों या भावनात्मक अपीलों के माध्यम से किसी को एक निश्चित विचार पर विश्वास करने या उनकी राय बदलने के लिए मनाने का प्रयास शामिल है। दोनों प्रभाव के रूप हैं जिनका उपयोग अंधेरे मनोविज्ञान में किया जाता है।

डार्क साइकोलॉजी में एक अन्य प्रमुख अवधारणा व्यवहार या निर्णय लेने को प्रभावित करने के लिए मनोवैज्ञानिक रणनीति का उपयोग है। ये युक्तियाँ सूक्ष्म संकेतों या सुझावों से लेकर डर फैलाने जैसे हेरफेर के अधिक प्रकट रूपों तक हो सकती हैं। लक्ष्य हमेशा यही होता है कि किसी और से वह कराया जाए जो आप उनसे कराना चाहते हैं, भले ही यह उनके अपने सर्वोत्तम हितों के विरुद्ध हो।

## डार्क साइकोलॉजी वाले लोगों का विश्लेषण करना

डार्क साइकोलॉजी का उपयोग करने से हमें यह समझने में मदद मिल सकती है कि लोग जो काम करते हैं वह क्यों करते हैं। उदाहरण के लिए, हमें यह समझने में मदद कर सकती है कि कोई व्यक्ति एक निश्चित तरीके से व्यवहार क्यों करता है या वे कुछ निर्णय क्यों लेते हैं। डार्क साइकोलॉजी का उपयोग पिछले व्यवहारों के आधार पर भविष्य के व्यवहारों की भविष्यवाणी करने के लिए भी किया जा सकता है। यह कई स्थितियों में उपयोगी हो सकता है जैसे ग्राहक के व्यवहार की भविष्यवाणी करना या कर्मचारी के प्रदर्शन की भविष्यवाणी करना। डार्क साइकोलॉजी हमें लोगों के व्यवहार में ऐसे पैटर्न की पहचान करने में भी मदद करती है जो पहली नज़र में स्पष्ट नहीं हो सकते हैं। समय के साथ इन पैटर्नों को देखकर, हम बेहतर ढंग से समझ सकते हैं कि लोग कुछ निर्णय क्यों लेते हैं या कुछ खास तरीकों से व्यवहार क्यों करते हैं। इसके अतिरिक्त, डार्क साइकोलॉजी हमें यह देखने की अनुमति देती है कि परवरिश या संस्कृति जैसे विभिन्न कारक किसी की निर्णय लेने की प्रक्रिया या उनके समग्र व्यवहार को कैसे प्रभावित कर सकते हैं।

निष्कर्ष के रूप में, वैज्ञानिक दृष्टिकोण से मानव व्यवहार को समझने और उसका विश्लेषण करने के लिए डार्क साइकोलॉजी एक अमूल्य उपकरण है। यह शोधकर्ताओं को समय के साथ चेतन और अचेतन दोनों प्रक्रियाओं का अध्ययन करके इस बात की गहरी जानकारी प्राप्त करने की अनुमति देती है कि लोग इस तरह से कार्य क्यों करते हैं। डार्क साइकोलॉजी तकनीकों का उपयोग करके, शोधकर्ता पिछले व्यवहारों के आधार पर भविष्य के व्यवहारों की बेहतर भविष्यवाणी करने में सक्षम हैं और साथ ही लोगों के व्यवहार में ऐसे पैटर्न की पहचान कर सकते हैं जो तुरंत स्पष्ट नहीं हो पाते हैं।

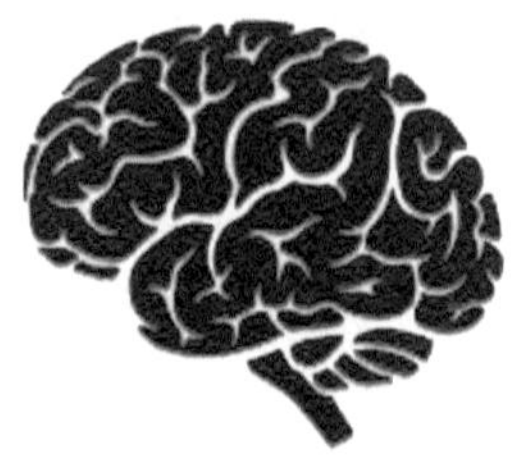

# द डार्क साइकोलॉजी ट्रायड

क्या आप कभी किसी ऐसे व्यक्ति से मिले हैं जो आकर्षक, आत्मविश्वासी और मधुर बोलने वाला लग रहा था, लेकिन बाद में चालाक, संवेदनहीन और आपकी भावनाओं के प्रति उदासीन निकला हो। यदि हां, तो हो सकता है कि आपका सामना डार्क ट्रायड लक्षणों वाले किसी व्यक्ति से हुआ हो। इस अध्याय में हम चर्चा करेंगे कि डार्क ट्रायड क्या है और हम चालाकी करने वाले लोगों से कैसे बच सकते हैं।

मनोवैज्ञानिक कुछ व्यव्हारों को उन लक्षणों के साथ जोड़ने में सक्षम हैं, जो किसी के व्यक्तित्व के लिए प्रमुख खतरे के संकेत हो सकते हैं। डार्क ट्रायड तीन अलग-अलग गुणों से मिलकर बना है नार्सिसिज़म, माकियावेलियनिज़म और साइकोपैथी।

**नार्सिसिज्म** एक व्यक्तित्व गुण है, जिसमें व्यक्ति अपने आप से अधिक प्रेम करता है और अपने गुणों के ऊपर उसे हद से ज्यादा गर्व और अहंकार होता है। नार्सिसिज्म एक मानसिक स्वास्थ्य स्थिति है जिसे नार्सिस्टिक पर्सनालिटी डिसऑर्डर (NPD) कहा जाता है। जो लोग

वास्तव में नरसिस्टिक होते हैं, उनमें आत्म-मूल्य की भावना बढ़ जाती है। उन्हें श्रेष्ठ होने के अपने विश्वास को प्रमाणित करने के लिए दूसरों की आवश्यकता होती है। वे आदर पाने और पूजे जाने के लिए सपने देखते हैं। वे अपनी अहमियत बनाये रखने के लिए हेरफेर, राजनीति और अनैतिक अनुनय का उपयोग करते हैं।

'द मिरर' में छपी रिपोर्ट के अनुसार, इन लक्षणों वाले लोग अति आत्मविश्वास के साथ सामने आते हैं और यह शुरुआत में दूसरों को गुमराह कर सकते हैं. वे पहली बार में आकर्षक और गुणवान भी दिख सकते हैं, इसलिए अपने व्यवहार को तुरंत न दिखाएं, खासकर रिश्तों में।

जैसा कि हम पहले पढ़ चुके हैं, नार्सिसिज्म एक पर्सनालिटी डिसऑर्डर है, ग्रीक पौराणिक कथाओं में नदी के देवता सेफिसस तथा अप्सरा लीरिओप का एक अति सुन्दर बालक था, जिसका नाम नार्सिसस होता है, उसकी माँ को एक भविष्य वक्ता ने बताया था कि यदि यह युवक खुद को नहीं जान पाया तो लंबी आयु का स्वामी निकलेगा। युवा नार्सिसस एक अहंकारी और खुद से प्यार करने वाला व्यक्ति था। वह हमेशा अपने बारे में ही सोचता रहता था। उसे अपने आप से इतना प्रेम होता है, कि उसे कोई भी आकर्षक नहीं लगता था। वह लोगों की भावनाओं का मजाक बनाता था।

एक दिन वह एक जंगल में जाता है, उसी जंगल में एक 'एको' नामक अप्सरा रहती थी जिसको श्राप मिला हुआ था, वह सिर्फ सामने वाले की बातों के कुछ आखिरी शब्द दोहरा सकती थी और कुछ नहीं बोल सकती थी। नार्सिसस जंगल में भटक रहा होता है, उसे जंगल से बाहर निकलने का कोई रास्ता नहीं मिलता। नार्सिसस काफी परेशान होकर इधर-उधर देखता है पर उसे दूर-दूर तक कोई नजर नहीं आता, सिर्फ घना जंगल होता है। तभी उसे एहसास होता है, उसे कोई छुप कर देख रहा है। तभी उसके सामने एक अप्सरा प्रकट होती है, जब वह उससे बात करने की कोशिश करता है, वह उसकी बात दोहराती है जिस कारण वह उसकी बात समझ नहीं पाता और उसका अपमान कर देता है। तभी वह रोती-रोती यूनानी देवता 'नार्सिसस' के पास जाती है और उसके आगे सारी बात बताती है, जिसके कारण देवता रुष्ट हो जाते हैं। फलस्वरूप प्यास लगने पर, जब वह जलाशय के किनारे जाता है, तभी अपने चेहरे का प्रतिबिंब पानी में देखता है और उस पर मोहित हो उठता है और चुंबन लेने की कोशिश करते हुए अपने प्राण त्याग देता है। वहीं मृत्युस्थल पर एक पुष्प उगा जिसे मरने वाले के नाम पर 'नार्सिसस' कहा जाने लगा।

**मेकियावेलियनिस्म** यानी हेर-फेर की कला। ऑक्सफोर्ड अंग्रेजी शब्दकोश के अनुसार इसका अर्थ है, शासन कला में या सामान्य आचरण में चालाक और कपटी होना। यह विशेषता उन व्यक्तियों को समाहित करती है जिनके पास व्यक्तिगत लाभ के लिए दूसरों के साथ हेरफेर करने की गहरी क्षमता होती है। ऐसे लोगों में बहुत ही चालाकी से अपनी रणनीति का उपयोग करके सामाजिक परिस्थितियों का फायदा उठाने की क्षमता होती है।

ये लोग हेर-फेर और चालाकी को जीवन की सफलता की कुंजी के रूप में देखते हैं और उसी के अनुसार व्यवहार करते हैं। ये निर्दयी और स्वार्थी होते हैं, इनमें नैतिकता की भी कमी होती है।

मनोविश्लेषणात्मक परिप्रेक्ष्य के अनुसार, मैकियावेली नवादा को उन व्यक्तियों द्वारा उपयोग किए जाने वाले एक रक्षा तंत्र के रूप में सोचा जा सकता है जो असुरक्षित या कमजोर महसूस करते हैं वे कथित खतरों या हमलों से खुद को बचाने के लिए इन चालाकी पूर्ण व्यवहारों का उपयोग करते हैं। हालांकि, अधिक आधुनिक दृष्टिकोण से, मैकियावेली नवादा को व्यक्तित्व विशेषताओं के एक बड़े पैमाने पर निर्धारित सेट के रूप में देखा जाता है जो जैविक कारकों और सामाजिक अनुभव के संयोजन से उत्पन्न होता है।

इसकी उत्पत्ति के बावजूद, अध्ययनों से पता चला है कि मैकियावेली नवादा अक्सर सामाजिक रिश्तों के भीतर क्रोध, अविश्वास और कलह जैसे प्रतिकूल परिणामों से जुड़ा होता है। हालांकि, इस प्रकार हमारे व्यवहार पर इस विशेषता के प्रभाव को खत्म करना संभव नहीं है, फिर भी हम अपने जीवन पर इसके हानिकारक प्रभावों को कम करने के लिए कदम उठा सकते हैं।

**मनोरोग** डार्क ट्रायड में सबसे अधिक द्वेषपूर्ण माना जाता है। यह एक मानसिक विकार है, जिसमें मनोरोगी में सहानुभूति का निम्न स्तर और उच्च स्तर की आवेगशीलता और रोमांच की चाहत दिखाई देती है। मनोरोग व्यक्तियों में अक्सर उच्च स्तर का आकर्षण और करिश्मा दिखाता है, जो लोगों को अपनी ओर आकर्षित कर सकता है। मनोरोगी अक्सर हिंसक प्रवृत्ति का होता है, सभी मनोरोगी अपराधी नहीं होते हैं। हालांकि कुछ लोग समाज के लिए अच्छा कार्य कर रहे होते हैं, फिर भी उनके अपने व्यक्तिगत संबंधों में संघर्ष चल रहा होता है। माना जाता है कि मनोरोग की समस्या अनुवांशिक कारकों और बचपन के शुरुआती अनुभवों के संयोजन के कारण होती है। मनोरोगी का कोई इलाज नहीं है, लेकिन कुछ उपचार इसके लक्षणों को प्रबंधित करने में मदद कर सकते हैं।

## कारण, प्रभाव और सहसंबंध

डार्क साइकोलॉजी का उपयोग आपराधिक गतिविधियों में होता है, मगर अगर आपको इसका उपयोग आता है और आप इसका इस्तेमाल सही तरह से करते हैं तभी आप बीमार मानसिकता और स्वार्थी लोगों से अपना बचाव कर सकते हैं। प्यार का सैलाब, झूठ, प्यार से इंकार, चयन प्रतिबंध और विपरीत मनोविज्ञान, ये कुछ युक्तियाँ ऐसी हैं जिनका रोजमर्रा में सबसे ज्यादा उपयोग किया जाता है।

डार्क-ट्रायड व्यक्तित्व लक्षण महिलाओं की तुलना में पुरुषों में अधिक प्रमुख पाए जाते हैं। कुछ शोधकर्ताओं ने पुरुषों में डार्क-ट्रायड लक्षणों के स्रोत के रूप में पुरुषत्व और स्त्रीत्व की सांस्कृतिक संरचनाओं और विशेष रूप से नकारात्मक लिंगवाद, रूढ़िवादिता की ओर इशारा किया है। कई शोधकर्ताओं ने पता लगाया है कि डार्क-ट्रायड लक्षण नक्सलवाद जैसे अन्य प्रकार के पूर्वग्रहों से कैसे जुड़े हैं। एक अध्ययन से पता चला है कि आत्ममुग्ध और मनोरोगी आम तौर पर असामाजिक होते हैं जबकि मेकियावेलियन नस्लीय समूहों के प्रति पक्षपाती होते हैं। एक अन्य ने अंधेरे व्यक्तित्व लक्षणों और सामाजिक-प्रभुत्व दृष्टिकोण (यानी, सामाजिक पदानुक्रमों के प्रति स्वीकृति का दृष्टिकोण) के बीच एक संबंध पाया।

मनोवैज्ञानिकों ने प्रत्येक डार्क-ट्रायड व्यक्तित्व में एक आनुवंशिक या वंशानुगत घटक पाया है, हालांकि यह घटक मैकियावेलीवाद की तुलना में मनोरोगी और आत्ममुग्धता के लिए बहुत अधिक महत्वपूर्ण है। ऐसा माना जाता है कि पर्यावरणीय कारक और रचनात्मक अनुभव भी इन व्यक्तित्व लक्षणों को विकसित करने में भूमिका निभाते हैं।

चूँकि डार्क-ट्रायड व्यक्तित्व लक्षण उपनैदानिक स्तरों पर होते हैं। इन लक्षणों के लिए परिवर्तनशील प्रवृत्ति वाले लोग सामान्य जीवन जी सकते हैं। हालांकि, अध्ययनों से पता चलता है कि उन्हें अक्सर काम पर और व्यक्तिगत संबंधों में नकारात्मक परिणामों का सामना करना पड़ता है। उदाहरण के लिए, एक अध्ययन में पाया गया कि प्रेम संबंधों में डार्क-ट्रायड लक्षण बार-बार और अधिक-शत्रुतापूर्ण असहमति से संबंधित होते हैं। डार्क-ट्रायड लक्षण भी हेरफेर और प्रभाव की जबरदस्त रणनीति जैसे विषाक्त कार्य व्यवहारों से संबंधित पाए जाते हैं। इसके अतिरिक्त, मनोवैज्ञानिक प्रतिकूल कार्यस्थल व्यवहार जैसे कार्यों पर शॉर्टकट लेने के साथ एक डार्क-ट्रायड सहसंबंध की रिपोर्ट करते हैं।

## डार्क साइकोलॉजी और मैनिपुलेशन रणनीति का उपयोग कौन करता है?

हममें से कोई भी हेर-फेर का शिकार नहीं होना चाहता, लेकिन आपके और मेरे जैसे सामान्य लोगों को भी रोजमर्रा में डार्क साइकोलॉजी की रणनीतियों का सामना करना पड़ता है। अगर आपके घर में बच्चे हैं, विशेषकर किशोर तो आप भली-भांति अनुभव कर सकते हैं, आपके बच्चे जो चाहते हैं, उसे पाने के लिए व्यवहार के साथ प्रयोग करते हैं और अपनी इच्छा के अनुसार निर्णय लेना और कार्य करना चाहते हैं।

कुछ वकील अपने मामले को इच्छित परिणाम प्राप्त करने के लिए गुप्त अनुनय रणनीति का प्रयोग करते हैं।

राजनेता, अपनी स्पष्ट छवि प्रस्तुत करने, मीडिया को प्रभावित करने, लोगों को विश्वास दिलाने के लिए कि वे सही हैं और वोट पाने के लिए डार्क साइकोलॉजी तकनीकों का उपयोग करते हैं।

विक्रेता, ग्राहकों को उन उत्पादों को खरीदने के लिए जोड़-तोड़ की रणनीति अपनाता है जिनकी उन्हें आवश्यकता नहीं है।

स्वार्थी लोग, यह कोई भी हो सकता है, जिसका दूसरों से पहले खुद का एजेंडा हो। वे पहले अपनी जरूरतों को पूरा करने के लिए रणनीति का उपयोग करेंगे, यहाँ तक कि किसी और की कीमत पर भी। ये सिर्फ अपना देखते हैं, अपना स्वार्थ पूरा करने के लिए किसी को कितना भी नुकसान पहुंचा सकते हैं या नीचा दिखा सकते हैं।

ये सभी ऐसे व्यक्तियों के उदाहरण हैं जो डार्क साइकोलॉजी रणनीतियों का उपयोग कर सकते हैं, लेकिन यह याद रखना आवश्यक है कि कोई भी इनका लक्ष्य हो सकता है।

कई लोग डार्क साइकोलॉजी और हेरफेर को अवैध मानते हैं, जबकि कुछ पेशे इन तकनीकों का उपयोग अपने लाभ के लिए करते हैं। उदाहरण के लिए, कानून प्रवर्तन अधिकारी आमतौर पर अपराधियों के बारे में जानकारी एकत्र करने के लिए डार्क साइकोलॉजी का उपयोग करते हैं। इसके अलावा, मनोवैज्ञानिक यह अध्ययन करने के लिए भी डार्क साइकोलॉजी का उपयोग करते हैं कि दिमाग कैसे काम करता है, जो व्यक्तियों को कठिनाइयों से उबरने में मदद करता है।

मनोवैज्ञानिक अनुसंधान के काले पक्ष के बारे में अधिक जानने से कोई भी लाभान्वित हो सकता है। यदि आप जानते हैं कि ये तरीके कैसे काम करते हैं, तो आप इन युक्तियों से अपना बचाव करने में भी बेहतर सक्षम होंगे। इसके अलावा, यदि आपको कभी ऐसी स्थिति का सामना

 

करना पड़ता है जहां आपको इन रणनीतियों को नियोजित करने की आवश्यकता होती है, तो आप यह सुनिश्चित कर सकते हैं कि आप इसे सही ढंग से कर रहे हैं।

## लोग अंधेरे मनोविज्ञान का उपयोग कैसे करते हैं?

डार्क साइकोलॉजी के कई चिकित्सक व्यक्तिगत या व्यावसायिक लाभ के लिए शक्ति प्राप्त करने के लिए इसका उपयोग करते हैं। नीचे 5 सामान्य तकनीकें दी गई हैं।

## 1. लव बॉम्बिंग के माध्यम से विश्वास हासिल करना

लव बॉम्बिंग मनोवैज्ञानिक हेरफेर का एक रूप है जिसमें एक व्यक्ति जानबूझकर दूसरे व्यक्ति पर नियंत्रण पाने के लिए चापलूसी, उपहार और ध्यान का उपयोग करता है। हालांकि इसका उपयोग अक्सर रिश्तों में किया जाता है, जैसे दोस्ती, पारिवारिक रिश्तों और काम के माहौल में भी हो सकता है। प्रेम संबंध बनाने वाले लोग आम तौर पर एक गहन बंधन बनाने के लिए रिश्ते की शुरुआत में अत्यधिक मात्रा में स्नेह और ध्यान प्रदर्शित करते हैं। वे अपना नियंत्रण बढ़ाने के लिए बड़े-बड़े वादे भी कर सकते हैं या भव्य उपहार भी दे सकते हैं। समय के साथ, प्रेम बमवर्षक अपना समर्थन वापस लेना शुरू कर सकते हैं और इसके बजाय शक्ति बनाए रखने के लिए आलोचना और भावनात्मक नियंत्रण का उपयोग कर सकते हैं।

## 2. गैसलाइटिंग

गैसलाइटिंग शब्द आपने भी कभी न कभी जरूर सुना होगा या सुनकर भी नजरअंदाज कर दिया होगा। गैसलाइटिंग भावनात्मक शोषण का एक रूप है जिसमें दुर्व्यवहार करने वाला जानबूझकर पीड़ित की वास्तविकता की भावना को कमजोर करने की कोशिश करता है। यह नियंत्रण का एक घातक रूप है जो पीड़ित के मानसिक स्वास्थ्य पर विनाशकारी प्रभाव डाल सकता है। गैसलाइटिंग आमतौर पर धीरे-धीरे शुरू होती है, जिसमें दुर्व्यवहार करने वाला पीड़ित के वातावरण या दिनचर्या में छोटे बदलाव करता है। इसका उद्देश्य पीड़ित के मन में भ्रम और संदेह पैदा करना होता है ताकि वे अपनी यादों और धारणाओं के बारे में दूसरे अनुमान लगा सकें। समय के  साथ, पीड़ित को अपनी विवेकशीलता पर संदेह होने लग सकता है। यदि आपको संदेह है कि आप इन तकनीकों के संपर्क में आ रहे हैं, तो किसी विश्वसनीय मित्र या पेशेवर से मदद लेना महत्वपूर्ण है।

दरअसल 1938 में पैट्रिक हैमिल्टन का एक स्टेज प्ले आया था 'गैस लाइट', जिस पर बाद में कई फिल्में भी बनीं और 1944 में एक फ़िल्म आई 'गैस लाइट' में यह दिखाया गया है कि

एक पति कैसे गैस से जलने वाली रोशनी को मैनिपुलेट करके अपनी पत्नी की मेंटल हेल्थ पर सवाल उठाता है। यहीं से यह शब्द बोलचाल में आया। आज के समय में गैसलाइटिंग किसी को मैनिपुलेट करने को दर्शाता है।

## 3. निष्क्रिय-आक्रामक व्यवहार

निष्क्रिय-आक्रामक मनोवैज्ञानिक हेरफेर एक प्रकार का भावनात्मक हेरफेर है जिसे पहचानना मुश्किल हो सकता है क्योंकि यह अक्सर सामान्य व्यवहार के रूप में सामने आता है। निष्क्रिय-आक्रामक जोड़-तोड़ करने वाले पीछे हटे हुए या उदासीन लग सकते हैं, लेकिन वास्तव में, वे अपने व्यवहार पर आपकी प्रतिक्रिया की सावधानीपूर्वक निगरानी कर रहे होते हैं। वे आपसे प्रतिक्रिया प्राप्त करने के प्रयास में जानकारी छिपा सकते हैं या अप्रिय टिप्पणियाँ कर सकते हैं। यदि आपको संदेह है कि कोई आपको भावनात्मक रूप से हेरफेर करने की कोशिश कर रहा है, तो अपनी आंतरिक भावनाओं पर ध्यान देना और अपनी सुरक्षा के लिए कदम उठाना आवश्यक है। आपको सीमाएँ निर्धारित करने या उन लोगों का एक समर्थन नेटवर्क बनाने की आवश्यकता हो सकती है जिन पर आप भरोसा कर सकते हैं। याद रखें, आप जोड़-तोड़ करने वाले की ख़ुशी के लिए ज़िम्मेदार नहीं हैं, न ही अपनी खुशियों का रिमोट कंट्रोल उनके हाथ में देना चाहिए और आपको उन्हें अपनी भावनाओं पर नियंत्रण नहीं रखने देना चाहिए।

## 4. भावनात्मक ब्लैकमेल

भावनात्मक ब्लैकमेल एक शक्तिशाली मनोवैज्ञानिक हेरफेर उपकरण है जिसका उपयोग दूसरों को नियंत्रित करने और उनका शोषण करने के लिए किया जा सकता है। इसमें आमतौर पर प्यार को रोकने की धमकी शामिल होती है जब तक कि पीड़िता ब्लैकमेलर की मांगों को पूरा नहीं कर लेती। अक्सर ब्लैकमेलर जो चाहते हैं, पूरा करवाने या मनवाने हेतु भावनात्मक पीड़ितों को प्रेरित करने के लिए अपराध बोध या डर का इस्तेमाल करते हैं। उदाहरण के लिए, माता-पिता यह धमकी दे सकते हैं कि अगर उनका बच्चा उनकी बात नहीं मानता है तो वे अपना प्यार वापस ले लेंगे, जिससे रिश्तों को नुकसान होगा और भावनात्मक परेशानी होगी।

## 5. स्नेह त्यागना

हेरफेर की एक आम रणनीति स्नेह को वापस लेना है, जो अक्सर भावनात्मक ब्लैकमेल के साथ होती है। यह कई रूप ले सकता है, किसी से बात करने से इंकार करने से लेकर

शारीरिक स्नेह को रोकने तक, और इसका उपयोग अक्सर किसी को दंडित करने या उन्हें कुछ करने के लिए मजबूर करने के लिए किया जाता है। स्नेह वापस लेना एक अविश्वसनीय रूप से शक्तिशाली उपकरण हो सकता है, क्योंकि यह कनेक्शन और अनुमोदन की हमारी गहरी आवश्यकता को पूरा करता है। जब हम उन चीज़ों से कट जाते हैं, तो यह हमारे लिए बहुत परेशानी का कारण बन सकता है। कुछ मामलों में, किसी व्यक्ति से अलग होने का दर्द, उन्हें अपना व्यवहार बदलने हेतु प्रेरित करने के लिए एक प्रयास हो सकता है।

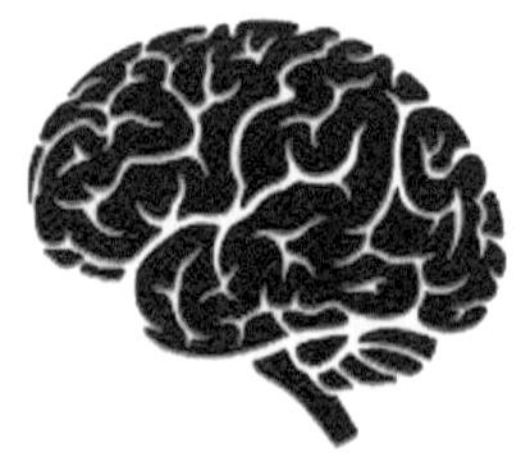

# अंधेरे मनोविज्ञान के प्रभाव

ये हम सब ऊपर कई बार पढ़ चुके हैं कि डार्क साइकोलॉजी मानव मनोविज्ञान की कमजोरियों को समझने और उनका फायदा उठाने के बारे में है। यह समझ कर कि लोग कैसे सोचते हैं और महसूस करते हैं, डार्क साइकोलॉजी के अभ्यासकर्ता आसानी से दूसरों को वह करने के लिए प्रेरित कर सकते हैं जो वे चाहते हैं। इसका उपयोग कई उद्देश्यों के लिए किया जा सकता है, किसी को कोई उत्पाद खरीदने के लिए प्रेरित करने से लेकर उन्हें अपराध करने के लिए मनाने तक।

अंधेरे मनोविज्ञान का उपयोग नापाक उद्देश्यों के लिए किया जा सकता है, जबकि कुछ लोग इसका उपयोग अधिक सकारात्मक उद्देश्यों के लिए करते हैं। उदाहरण के लिए, चिकित्सक मरीजों के डर और भय पर काबू पाने में उनकी मदद करने के लिए डार्क साइकोलॉजी तकनीकों का उपयोग कर सकते हैं। अन्य मामलों में, पुलिस अधिकारी अपराधियों से अपराध स्वीकार कराने के लिए गुप्त मनोविज्ञान युक्तियों का उपयोग कर सकते हैं।

     द डार्क साइड ऑफ़ ह्यूमन साइकोलॉजी

## डार्क साइकोलॉजी के खतरों से खुद को कैसे बचा सकते हैं?

डार्क साइकोलॉजी का उपयोग अच्छे और बुरे दोनों के लिए किया जा सकता है। लेकिन आप इसके खतरों से खुद को कैसे बचा सकते हैं?

पहला कदम विषय के बारे में खुद को शिक्षित करना है। अंधेरे मनोविज्ञान में उपयोग की जाने वाली विभिन्न तकनीकों और उन्हें पहचानने के तरीके के बारे में जानें। इससे आपको अपने आस-पास क्या हो रहा है, इसके बारे में अधिक जागरूक होने में मदद मिलेगी और आप अपने आप को धोखा मिलने से बेहतर ढंग से बचाने में सक्षम होंगे।

दूसरे, अपने आस-पास ऐसे लोगों को रखें जिनके दिल में आपके प्रति सर्वोत्तम हित हों। इन लोगों द्वारा आपका फायदा उठाने और तेजी से खतरनाक होती दुनिया में सुरक्षित रहने में, आपको मदद मिलेगी और धोखा मिलने की संभावना कम होगी।

अंत में, अपनी अंत:प्रेरणा पर भरोसा रखें। यदि कुछ गलत लगता है, तो संभवत: वह गलत है। ऐसी स्थिति से दूर जाने से न डरें जो आपको असहज या असुविधाजनक बनाती है।

## क्या लोगों को डार्क साइकोलॉजी के प्रति उनकी प्रवृत्ति से छुटकारा दिलाया जा सकता है?

अंधेरे मनोविज्ञान की अवधारणा और क्या लोगों को इसके प्रति उनकी प्रवृत्ति से छुटकारा दिलाया जा सकता है या नहीं, इसे लेकर बहुत बहस चल रही है।

कुछ विशेषज्ञों का मानना है कि डार्क साइकोलॉजी केवल सीखे गए व्यवहारों का परिणाम है और सही चिकित्सा के साथ, लोग इन व्यवहारों को भूल सकते हैं। हालांकि, दूसरों का मानना है कि डार्क साइकोलॉजी अधिक अंतर्निहित है और लोग कुछ निश्चित पूर्व निर्धारितताओं के साथ पैदा होते हैं जिन्हें बदला नहीं जा सकता है।

इस क्षेत्र में अभी भी बहुत शोध किया जाना बाकी है, लेकिन ऐसा लगता है कि इस बात का कोई सरल जवाब नहीं है कि सामाजिक परिस्थितियों में लोगों को अंधेरी प्रवृत्तियों से ठीक किया जा सकता है या नहीं।

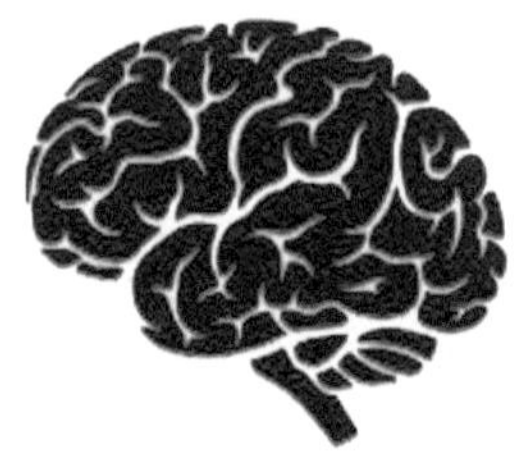

# डार्क साइकोलॉजी:
# हेरफेर और मन पर नियंत्रण

ये हम सब बखूबी जानते हैं, डार्क साइकोलॉजी मन पर नियंत्रण और हेरफेर का विज्ञान है। यदि मनोविज्ञान मनुष्यों के व्यवहार के अध्ययन को संदर्भित करता है और कार्यों, अंत:क्रियाओं और विचारों पर ध्यान केंद्रित करता है, तो डार्क मनोविज्ञान एक ऐसी घटना है जहां लोग अपनी इच्छित चीज़ों को प्राप्त करने के लिए जबरदस्ती, हेरफेर, अनुनय और प्रेरणा की रणनीति का उपयोग करते हैं। मनोवैज्ञानिक और अपराधशास्त्री 'द डार्क ट्रायड' को न केवल आपराधिक व्यवहार बल्कि टूटे और समस्याग्रस्त रिश्तों की भविष्यवाणी करने का आसान तरीका मानते हैं।

इन रणनीतियों को अक्सर ऑनलाइन विज्ञापनों, बिक्री के तरीकों और यहां तक कि कार्यस्थल पर वरिष्ठों के व्यवहार में भी देखा जा सकता है। हेरफेर और मन पर नियंत्रण ऐसे मुद्दे हैं जो आजकल युवा शिक्षार्थियों में सबसे अधिक रुचि रखते हैं। सच्चाई यह है कि गुप्त अनुनय और

गुप्त हेरफेर का उपयोग आम तौर पर उन लोगों द्वारा किया जाता है जिन्हें आप प्यार करते हैं और जिन पर आप भरोसा करते हैं।

सामान्य रोजमर्रा के लोगों द्वारा उपयोग की जाने वाली कुछ सबसे सामान्य युक्तियों में निम्नलिखित शामिल हैं:

झूठ - असत्य कहानियाँ, आंशिक सत्य, अतिशयोक्ति और असत्य

प्यार की बाढ़ - स्नेह, अनुरोध करने के लिए किसी व्यक्ति को मक्खन लगाना, और तारीफ करना

प्रत्याहरण - किसी व्यक्ति के साथ चुपचाप व्यवहार करना या उससे बचना

प्यार से इनकार - स्नेह और ध्यान को रोकना

विपरीत मनोविज्ञान - किसी व्यक्ति को कुछ न कुछ करने के लिए कहें ताकि उन्हें ठीक इसके विपरीत कार्य करने के लिए प्रेरित किया जा सके जो आप वास्तव में चाहते हैं।

विकल्प प्रतिबंधित करना - विशिष्ट विकल्पों की पेशकश करना जो उस विकल्प से ध्यान भटका देगा जो आप नहीं चाहेंगे कि व्यक्ति चुने।

शब्दार्थ हेरफेर - माना जाता है कि शब्दों का उपयोग एक पारस्परिक या सामान्य परिभाषा है, लेकिन हेरफेर करने वाला बाद में आपको बताएगा कि उनकी बातचीत की एक अलग समझ या परिभाषा है।

ऐसे लोग हैं समाज में जो डार्क साइकोलॉजी रणनीति का उपयोग करते हैं, जानते हैं कि वे वास्तव में क्या कर रहे हैं और उनका इरादा जो चाहते हैं उसे पाने के लिए दूसरों के साथ हेरफेर करना है, वहीं ऐसे लोग भी हैं जो अनजाने में अनैतिक और डार्क रणनीति का उपयोग करते हैं।

इनमें से कई लोगों ने ये युक्तियाँ अपने माता-पिता से तब सीखी थीं जब वे छोटे थे। ऐसे लोग भी हैं जिन्होंने वयस्कता या किशोरावस्था के दौरान संयोग से रणनीति में महारत हासिल कर ली। उन्होंने दुर्घटनावश हेरफेर की एक रणनीति अपनाई और यह काम कर गई। परिणामस्वरूप, वे हर समय अपना रास्ता पाने के लिए इस रणनीति का उपयोग करते रहे। डार्क साइकोलॉजी काफी हद तक लोगों की रोजमर्रा की जिंदगी का हिस्सा है। ऊपर बताई गई बातों से आप देखेंगे कि आपके लिए इन युक्तियों में फंसना कितना आसान है। या तो आप पीड़ित हैं या अपराधी।

## अपने हेरफेर के तरीकों का प्रबंधन करना

जब अधिकांश लोग किसी ब्रेनवॉश किए गए व्यक्ति के बारे में सोचते हैं, तो वे किसी ऐसे व्यक्ति की कल्पना करते हैं जिसका दिमाग पूरी तरह से नियंत्रित हो। कोई दुष्ट लेकिन शक्तिशाली प्राधिकारी उसकी इच्छा में हेरफेर कर रहा है। सबसे चरम मामलों में - जैसे कि जब कोई पंथ नेता अपने अनुयायियों को आत्महत्या करने का निर्देश देता है - या जब एक दमनकारी राजनीतिक शासन निर्विवाद आज्ञाकारिता और आराधना की मांग करता है - तो यह सच प्रतीत होता है। फिर भी, दूसरों के साथ छेड़छाड़ करने की, साथ ही हेरफेर किए जाने की मानवीय प्रवृत्ति, इन दुर्लभ चरम सीमाओं से कहीं अधिक सामान्य हैं।

हममें से अधिकांश लोग पहली बार कम उम्र में मनोवैज्ञानिक हेरफेर से परिचित होते हैं। उदाहरण के लिए, स्कूल में धमकाने वाला एक युवा मास्टर मैनिपुलेटर है जिसने जल्दी ही सीख लिया है कि जो वह चाहता है उसे पाने के लिए डराने-धमकाने का इस्तेमाल कैसे किया जाए। शोधकर्ताओं ने पाया है कि धमकाने वालों का दिमाग दूसरों के दर्द को देखकर खुशी की प्रतिक्रिया प्रदर्शित करता है, जिससे वे दूसरों के प्रति क्रूर होने के अनुभव के आदी हो जाते हैं, और दुर्व्यवहार के कारण उनके पीड़ितों के मस्तिष्क का विकास स्थायी रूप से अवरुद्ध हो सकता है।

**ब्रिटिश जर्नल ऑफ डेवलपमेंटल साइकोलॉजी** में शोध के एक समूह का मानना है कि बदमाशी अक्सर कुछ बच्चों में होती है, जो आम धारणाओं के विपरीत, अत्यधिक विकसित सामाजिक कौशल रखते हैं। आमतौर पर, इन बच्चों में सामाजिक प्रतिष्ठा की कमी होती है - शायद खराब शैक्षणिक प्रदर्शन या कम आर्थिक स्थिति के कारण - लेकिन उन्होंने अपने तरीके से सामाजिक शक्ति विकसित करना सीख लिया है। वे मनोवैज्ञानिक हेरफेर की कला, गुप्त, भ्रामक और अपमानजनक तरीकों से लोगों को प्रभावित करने की क्षमता में पारंगत हैं। यद्यपि बदमाशी करने वाले वयस्क चालकों की तुलना में कम हो सकते हैं, मगर मानवीय कमजोरी का फायदा उठाते हैं।

उदाहरण के लिए, आतंकवादियों को जन मनोविज्ञान में भय पैदा करने वालों के रूप में देखा जा सकता है। दबंगों की तरह, उनके पास राजनीति और पारंपरिक युद्ध के माध्यम से अपने दुश्मन को प्रभावित करने या नष्ट करने की शक्ति नहीं होती है, इसलिए वे जिस समाज या समूह का विरोध करते हैं, उसकी जन चेतना में भय पैदा करने का प्रयास करते हैं।

एक विनाशकारी पंथ नेता, अधिकांश लोगों के दिमाग में हेरफेर का प्रतीक, अपने शिष्यों के दिमाग को नियंत्रित करने के लिए भय का भी उपयोग करता है। इस हेरफेर का अंतिम

परिणाम कभी-कभी समूह से बाहर के लोगों को भ्रमित करने वाला लगता है, जैसा कि 1978 में दक्षिण अमेरिका के गुयाना के जॉन्सटाउन में 918 लोगों की सामूहिक आत्महत्या का मामला था। इस उदाहरण में, करिश्माई नेता, जिम जोन्स ने अपने अनुयायियों को साइनाइड-युक्त पंच पीने का निर्देश दिया, क्योंकि उनके अनुसार, युद्ध और कुछ निश्चित विनाश उनके रास्ते में थे। अधिकांश अनुयायियों ने इसका अनुपालन किया; विशेष रूप से परेशान वे माता-पिता थे जिन्होंने अपने बच्चों को जहर खिलाया।

दूसरे जोड़-तोड़ करने वालों पंथों की तरह, जोन्स ने पहले लोगों को समूह में शामिल करने के लिए उन्हें वह दिया जो वे चाहते थे - समाज की बुराइयों से मुक्त स्वर्ग का वादा - और फिर समग्र नियंत्रण का दुःस्वप्न पैदा करने के लिए पासा पलट दिया। जोन्स ने न केवल अपने अनुयायियों को व्यक्तिगत रूप से नियंत्रित करने के लिए हर संभव तरीके का इस्तेमाल किया, बल्कि उन्होंने अपने अनुयायियों से आपसी जासूसी और बातचीत की संस्कृति के माध्यम से एक-दूसरे के साथ भी ऐसा ही करने का आग्रह किया। समूह द्वारा शर्मिंदा होने और बहिष्कृत किए जाने के डर से सदस्य जोन्स के चंगुल में और भी गहराई तक फँस गए क्योंकि उन्होंने आत्मनिर्णय की अपनी व्यक्तिगत भावना को उसके सामने समर्पित कर दिया था।

स्थिति कितनी भी चरम क्यों न हो, वह समाजीकरण प्रक्रिया के कुछ तत्वों से उतनी भिन्न नहीं है जो हम सभी को इसके अनुरूप बनने के लिए प्रोत्साहित करती है। माता-पिता, सहकर्मी और अन्य अधिकारी अक्सर यह सुनिश्चित करने के लिए हेरफेर का उपयोग करते हैं कि हम वही बनें जो वे चाहते हैं, खासकर जब हम बड़े हो रहे हों। उदाहरण के लिए, जो लड़के स्वाभाविक रूप

से स्त्री गुणों का प्रदर्शन करते हैं, उन्हें अक्सर माता-पिता और साथियों द्वारा तब तक शर्मिंदा और बहिष्कृत किया जाता है जब तक कि उनमें अधिक मर्दाना व्यवहार विकसित नहीं हो जाता। यहां तक कि अपेक्षाकृत सौम्य पालन-पोषण तकनीक में भी हेराफेरी की जाती है, जैसे कि जब माता-पिता अपने बच्चे से कहते हैं कि सांता शरारती बच्चों के लिए उपहार नहीं लाएगा। यह झूठ है, लेकिन यह छुट्टियों के मौसम में व्यस्त बच्चों को समझाने का काम करता है।

हमारी उपभोक्ता संस्कृति में, और अधिक खरीदारी के लिए हेरफेर करने वाली तकनीकों का व्यापक रूप से उपयोग किया जाता है - जीवित रहने के लिए हमारी आवश्यकता से कहीं अधिक। विज्ञापन, जो पश्चिमी संस्कृति के लगभग हर पहलू में व्याप्त है, किसी उत्पाद को बेचने के लिए सीधे तथ्यों की तुलना में हेरफेर का उपयोग करने की अधिक संभावना होती

है। अधिकांश विज्ञापन, चाहे प्रिंट, टीवी या ऑनलाइन, हमारी भावनात्मक और मनोवैज्ञानिक ज़रूरतों को शिकार बनाते हैं,  जैसे कि खुद को फिट रहने और अपने बारे में अच्छा महसूस करने की ज़रूरत। उदाहरण के लिए, एक जूस विज्ञापन में उसके पोषण संबंधी लाभों के बारे में ठोस जानकारी प्रदान करने की तुलना में, बच्चों के मांगने पर अच्छे माता-पिता अपने बच्चों को यह उत्पाद लेने का सुझाव दें, इसकी संभावना अधिक है। हेरफेर के अन्य रूपों की तरह, ये विज्ञापन हमारे गहरे डर के कारण प्रभावी हैं, जैसे कि गरीब माता-पिता होना, पीड़ित होना, सामाजिक रूप से बहिष्कृत होना और अनाकर्षक समझा जाना।

अनिवार्य रूप से, हेरफेर हमारे चारों ओर है, भावनात्मक हेरफेर हमारे रिश्तों को प्रभावित करता है, अनकहे सांस्कृतिक संदेशों तक जो हमें एक निश्चित तरीके से व्यवहार करने के लिए प्रेरित करते हैं। हमारे दैनिक जीवन से इसके प्रभावों को खत्म करने का कोई तरीका नहीं हो सकता है, लेकिन हम इसे कैसे अनुभव करते हैं - और हम इसे दूसरों के लिए कैसे उपयोग करते हैं, इसके बारे में जागरूकता हमारे दिमाग को बेहतर तरीकों से उपयोग करने की दिशा में पहला कदम हो सकती है।

## जोड़ तोड़ करने वालों के व्यवहार और चरित्र में लक्षण

हेरफेर करने वालों के पास पहचानने योग्य व्यवहार और कुछ चारित्रिक लक्षण होते हैं। हेरफेर और जोड़-तोड़ करने वाला व्यवहार जानबूझकर या अवचेतन रूप से बुरे या अच्छे इरादों से किया जाता है, जैसे कि हर बात पर झूठ बोलना, चापलूसी, उत्पीड़न, आलोचना, परिहार, इनकार और निष्क्रिय आक्रमकता। जिसमें किसी को धोखा देने या कुछ विवरणों को छोड़ने के इरादे से जानबूझकर कुछ बताना, साथ ही गलतफहमियों को ठीक करने में असफल होना शामिल है। रणनीति प्रत्यक्ष या सूक्ष्म हो सकती है।

जोड़-तोड़ करने वाले लोग चालाकी पूर्ण धोखा देने और अपने लाभ के लिए झूठे निष्कर्षों पर विश्वास करने के लिए भ्रमित करते हैं, इनकार और झूठ बोलने जैसी तकनीकों का उपयोग करते हैं, जबकि मनोरोगी खुद को और दूसरों को धोखा देने के लिए इनकार का उपयोग करते हैं, जो जागरूकता की कमी और बदलने की अनिच्छा का संकेत देता है।

जोड़-तोड़ करने वाले लोग जिम्मेदारी लेने से बचने और दूसरों द्वारा उन्हें समझने के तरीके को प्रबंधित करने के लिए रणनीति के रूप में इनकार, युक्तिकरण और न्यूनीकरण का उपयोग करते हैं।

जोड़-तोड़ करने वाले उपलब्धियों को कम करने या न्यूनीकरण का उपयोग करते हैं, भावनाओं को महत्वहीन बनाते हैं, और ऐसा प्रतीत करते हैं जैसे कि उनके कार्य उतने हानिकारक नहीं हैं जितना समझा जा रहा है। वे अपने कार्यों की जिम्मेदारी लेने से बचने के लिए ध्यान भटकाने और टालमटोल का भी सहारा लेते हैं।

टाल-मटोल और ध्यान भटकाने वाली ऐसी तकनीकें हैं जिनका उपयोग किसी प्रश्न का सीधा उत्तर देने से बचने के लिए किया जाता है और इसमें विषय को बदलना या बातचीत को एक अलग दिशा में ले जाना शामिल होता है। गुप्त धमकी और अपराध बोध ट्रिपिंग एक ही अंतर्निहित सिद्धांत का उपयोग करते हैं, व्यक्ति की भावनाओं का शिकार करते हैं, और गुप्त-आक्रामक व्यक्तित्व वाले लोगों द्वारा इसका उपयोग किया जाता है।

जोड़-तोड़ करने वाले लोग, लोगों को उनके कार्यों के लिए दोषी या शर्मिंदा महसूस करवाकर या रहस्य उजागर करने की धमकी देकर उन्हें नियंत्रित करने और उनका शोषण करने के लिए अपराध बोध और शर्मिंदगी का बोध करवा सकते हैं।

हेरफेर करने वाले अपने पीड़ितों को नियंत्रित करने और धोखा देने के लिए पीड़ित को शर्मिंदा करना और बदनाम करने जैसी रणनीति का उपयोग करते हैं।

जोड़-तोड़ करने वाले अपने शिकार पर सख्ती और नियंत्रण पाने के लिए विभिन्न प्रकार की युक्तियों का उपयोग करते हैं जैसे पीड़ित की भूमिका निभाना, नौकर की भूमिका निभाना और प्रलोभन देना।

जोड़-तोड़ करने वाले अपने पीड़ितों को नियंत्रित करने और हेरफेर करने के लिए दोषारोपण करने और क्रोध प्रकट करने जैसी रणनीति का उपयोग करते हैं।

जोड़-तोड़ करने वाले लोग गुस्से का इस्तेमाल नकली नैतिक आक्रोश व्यक्त करने, दूसरों को डराने और खुद को श्रेष्ठ महसूस कराने के लिए करते हैं।

## गुप्त भावनात्मक हेरफेर क्या है ?

गुप्त भावनात्मक हेरफेर शक्ति और नियंत्रण का एक रूप है जिसका उपयोग लोग किसी के सोचने और व्यवहार करने के तरीके को बदलने के लिए करते हैं और पीड़ित व्यक्ति को इसकी खबर भी नहीं होती। रिश्तों में भावनात्मक हेरफेर दूसरे व्यक्ति को नियंत्रित करने और उस पर हावी होने के लिए सकारात्मक सुदृढीकरण, नकारात्मक सुदृढीकरण, झूठी अंतरंगता और सुविचारित आक्षेपों का रूप ले सकता है।

मित्र सामाजिक संपर्कों को नियंत्रित करने और भावनात्मक निर्भरता हासिल करने के लिए निष्क्रिय आक्रामकता, मूक उपचार, सूक्ष्म अपमान और शक्ति यातनाओं के माध्यम से दूसरों को हेरफेर कर सकते हैं। सहकर्मी भावनात्मक हेरफेर, एहसान, पाश से बाहर निकलने और लाभ प्राप्त करने के लिए अंधेरे व्यक्तित्व लक्षणों का उपयोग करके दूसरों को हेरफेर कर सकते हैं।

## मैनिपुलेटर्स क्या करने की कोशिश करते हैं?

मैनिपुलेटर्स में दूसरों को नियंत्रित करने की मनोवैज्ञानिक क्षमता होती है। वे अपनी इच्छाशक्ति से व्यक्तियों की वास्तविकता को भ्रमित करके, उन पर प्रभुत्व हासिल करके खुद को श्रेष्ठ और अपने पीड़ितों को कमजोर करना चाहते हैं। जोड़-तोड़ करने वाले लोग किसी की इच्छा शक्ति को खत्म कर सकते हैं और सावधानी से लिखे गए वाक्यांशों का उपयोग करके, उन्हें सभी प्रकार की

समस्याओं के लिए दोषी ठहराकर, ऐसा रूप दे देते हैं कि सब कुछ कह सकते हैं, उन्हें नकारात्मक जानकारी से भर सकते हैं, भावनात्मक रूप से उनकी उपेक्षा कर सकते हैं और उनके डर को बढ़ावा देकर किसी के आत्मसम्मान को नष्ट कर सकते हैं।

जोड़-तोड़ करने वाले लोग पीड़ितों के कम आत्मविश्वास का फायदा उठाकर उन पर अधिकार हासिल करना चाहते हैं, यही नहीं आक्रामक लोग बदला लेने के लिए अपने पीड़ितों को निशाना भी बना सकते हैं, भले ही पीड़ित ने कुछ भी गलत नहीं किया हो। जोड़-तोड़ करने वाले प्रच्छन्न मौखिक शत्रुता का उपयोग करके, उनके विचारों और भावनाओं को अमान्य करके, और उन पर नियंत्रण पाने के लिए उनकी वास्तविकता को भ्रमित करने का प्रयास करके अपने पीड़ितों के खिलाफ निष्क्रिय-आक्रामक बदला लेना चाहते हैं। नार्सिसिस्ट लोग अपनी भव्यता या निराशावादी दृष्टिकोण का भ्रम थोपने के लिए दूसरों की वास्तविकता को भ्रमित करने का प्रयास करते हैं।

## जोड़-तोड़ करने वालों के पसंदीदा पीड़ितों के व्यवहार संबंधी लक्षण

जोड़-तोड़ करने वाले ऐसे पीड़ितों को निशाना बनाते हैं जो भावनात्मक रूप से असुरक्षित या नाजुक होते हैं, सामाजिक चिंता से ग्रस्त होते हैं, या किसी कठिन परिस्थिति के कारण भावनात्मक रूप से नाजुक होते हैं। साथ ही अत्यधिक संवेदनशील लोग जो सामाजिक गतिशीलता में सूक्ष्मताओं के बारे में अधिक जागरूक नहीं होते हैं।

चालाक लोग संवेदनशील और सहानुभूतिपूर्ण लोगों को निशाना बनाते हैं क्योंकि उनकी भावनाओं, विनम्रता और उदारता के कारण उनका शोषण करना आसान होता है। अकेलेपन के डर, परित्याग के मुद्दों और दूसरों को निराश न करने के डर के कारण, दुर्भावनापूर्ण लोग अक्सर ऐसे लोगों का फायदा उठाते हैं।

आश्रित व्यक्तित्व विकार और भावनात्मक निर्भरता वाले लोग जोड़-तोड़ करने वालों के लिए आसान लक्ष्य होते हैं, क्योंकि वे अपने जीवन पर नियंत्रण छोड़ने के इच्छुक होते हैं और अक्सर दूसरों को निराश करने या अपने साथियों को खोने के डर से प्रेरित होते हैं।

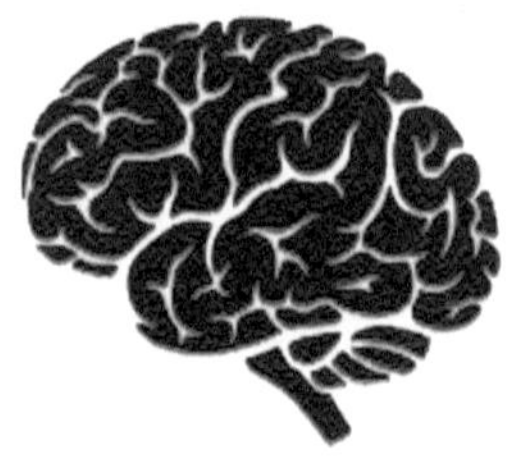

# धोखा

धोखा एक प्रकार का छल, बेईमानी, झांसा और चालाकीपूर्ण सच बताने का वह तरीका है जो पूर्ण सच नहीं है। धोखे का तात्पर्य लोगों को उस जानकारी पर विश्वास करने के लिए प्रोत्साहित करने का कार्य है, जो सत्य नहीं है। झूठ बोलना या धोखा देने के इरादे से कुछ भी झूठ बोलना, धोखे का एक सामान्य रूप है। धोखे में ऐसे बयान भी शामिल हैं जो तथ्यों को गलत तरीके से पेश करते हैं और साथ ही जानकारी को छुपाते हैं। लोग स्पष्ट बयानों या रणनीतिक चुप्पी के जरिए झूठ बोल सकते हैं। यहां तक कि जो लोग ईमानदारी की सदस्यता लेते हैं वे भी कभी-कभी धोखे में संलग्न होते हैं। अध्ययनों से पता चलता है कि औसत व्यक्ति दिन में कई बार झूठ बोलता है। उनमें से कुछ झूठ बड़े होते हैं ("मैंने तुम्हें कभी धोखा नहीं दिया!") लेकिन अधिकतर, वे छोटे सफेद झूठ होते हैं ("वह पोशाक अच्छी लगती है") जो असहज स्थितियों से बचने या किसी की भावनाओं को बचाने के लिए इस्तेमाल किए जाते हैं। धोखे में ढोंग, झूठ, प्रचार और हाथ की सफाई सम्मिलित हो सकती है।

 

प्रेम और पालन-पोषण से लेकर राष्ट्रीय सरकार तक, सभी स्तरों पर विश्वास सामाजिक जीवन का आधार है। धोखा हमेशा इसे कमज़ोर कर देता है। चूँकि सत्य मानव उद्यम के लिए बहुत आवश्यक है, जो वास्तविकता के साझा दृष्टिकोण पर निर्भर करता है, अधिकांश लोगों की डिफ़ॉल्ट धारणा यह है कि अन्य लोग अपने विचार और व्यवहार में सच्चे हैं। अधिकांश संस्कृतियों में झूठ बोलने के विरुद्ध शक्तिशाली सामाजिक प्रतिबंध है।

लोग जानबूझकर ग़लत जानकारी बना सकते हैं या कोई कहानी गढ़ सकते हैं। लेकिन अक्सर कोरा आविष्कार झूठ की आत्मा नहीं होता। बल्कि लोग जानकारी को छोड़ कर, सत्य को नकार कर, या जानकारी को बढ़ा-चढ़ाकर बता कर, धोखा देते हैं या किसी रिश्ते को बनाए रखने के लिए, वे दूसरों से सहमत हो सकते हैं जबकि वास्तव में वे मन से स्वीकार नहीं करते हैं। दूसरी ओर, स्वार्थी झूठ बोलने वालों को वह पाने में मदद करता है जो वे चाहते हैं, उन्हें बेहतर दिखाते हैं, या उन्हें दोष या शर्मिंदगी से बचाते हैं।

धोखा देना, हमेशा एक बाहरी या बनावटी चेहरे का ही काम नहीं होता है। ऐसे झूठ भी हैं जो लोग खुद से बोलते हैं, आत्मसम्मान बनाए रखने से लेकर अपने नियंत्रण से परे गंभीर भ्रम तक। स्वयं से झूठ बोलना आम तौर पर हानिकारक माना जाता है, परंतु कुछ विशेषज्ञों का तर्क है कि कुछ प्रकार के आत्म-धोखे - जैसे कि यह विश्वास करना कि कोई कठिन लक्ष्य पूरा किया जा सकता है, भले ही इसके विपरीत सबूत मौजूद हों - समग्र कल्याण पर सकारात्मक प्रभाव डाल सकते हैं।

शोधकर्ता लंबे समय से ऐसे तरीकों की खोज कर रहे हैं जिससे यह निश्चित रूप से पता लगाया जा सके कि कोई व्यक्ति झूठ बोल रहा है। वे जानते हैं कि कुछ लोग दूसरों की तुलना में झूठ बोलने में बेहतर होते हैं; उनके दृश्य और मौखिक संकेत वे जो कह रहे हैं उसके अनुरूप होते हैं। लेकिन अध्ययनों से लगातार पता चलता है कि ज्यादातर लोग धोखे का पता लगाने में बहुत अच्छे नहीं होते हैं, और मौके से बेहतर प्रदर्शन नहीं कर पाते हैं। इस बात के सबूत हैं कि बहुत से लोगों की झूठ बोलने के संकेतों के बारे में गलत धारणाएं हैं - उदाहरण के लिए, झूठ बोलना हमेशा एक धोखा नहीं होता है।

कई विशेषज्ञों का सुझाव है कि झूठ बोलने वाला खुद बताता है कि वह झूठ बोल रहा है, शारीरिक भाषा या चेहरे के भावों में बड़े और छोटे बदलाव प्रकट करके। लेकिन झूठ बोलने के प्रत्यक्ष संकेत अविश्वसनीय हो सकते हैं। शोधकर्ताओं ने पाया है कि कुछ लोग दूसरों की तुलना में अधिक झूठ बोलते हैं। अध्ययनों से पता चलता है कि दो साल से कम उम्र के बच्चे

कभी झूठ नहीं बोलते हैं और किशोरावस्था में झूठ बोलना चरम पर होता है, जब सामाजिक रिश्तों का महत्व बढ़ जाता है।

अधिकांश लोगों को इस बात की जानकारी नहीं होती कि वे किस प्रकार स्वयं को मूर्ख बनाते हैं, लेकिन मनोवैज्ञानिकों ने आत्म-धोखे के कई संकेतों की पहचान की है। वर्तमान स्थितियों के प्रति अत्यधिक भावनात्मक प्रतिक्रियाएँ, ऐसा व्यवहार जो आपके दावे या लक्ष्य के अनुरूप नहीं है, संकेत हो सकते हैं कि हम अपने बारे में उन चीजों पर विश्वास करते हैं जो झूठी हैं या उन चीजों पर विश्वास करने में विफल होते हैं जो सच हैं।

एक विशेषज्ञ के अनुसार, झूठ इच्छाओं की तरह होता है - अक्सर, जो कहा जाता है वह वही होता है जो लोग चाहते हैं कि वह सच हो। शोध का एक बड़ा समूह तीन प्रमुख कारणों की पहचान करता है कि लोग झूठ क्यों बोलते हैं: जो कुछ वे चाहते हैं उसे पाने के लिए, तथाकथित साधन संबंधी कारण; स्वयं की रक्षा या प्रचार करना; और दूसरों को नुकसान पहुंचाना व सजा से बचना बच्चों और वयस्कों दोनों के लिए मुख्य प्रेरणा हो सकती है।

हालांकि हर कोई थोड़ा-बहुत झूठ बोलता है, लेकिन ऐसा प्रतीत होता है कि केवल कुछ प्रतिशत लोग ही अधिकतर झूठ बोलते हैं। इस बात के प्रमाण हैं कि प्रचुर झूठ बोलने वालों में मैकियावेली नवादा के व्यक्तित्व गुण समान होते हैं: वे चालाकी से काम लेते हैं और दूसरों का शोषण करते हैं; यह लक्षण मनोरोगी से निकटता से संबंधित है।

## क्या ईमानदारी हमेशा सर्वोत्तम नीति है?

जब व्यवहार की बात आती है तो इरादे मायने रखते हैं - यह अक्सर कानून में एक निर्णायक कारक होता है - और कई बार झूठ दूसरों की मदद कर सकता है या उन्हें नुकसान से बचा सकता है। कभी-कभी कठिन बातचीत को रोकने के लिए झूठ बोला जाता है, जैसे कि आलोचनात्मक प्रतिक्रिया से जुड़ी बातचीत। लेकिन यह अंतत: प्राप्तकर्ता को उपयोगी जानकारी से वंचित करके उसे नुकसान पहुंचा सकते हैं जो सकारात्मक परिवर्तन को बढ़ावा दे सकते थे।

## क्या धोखा हमेशा हानिकारक होता है?

इस विषय पर विशेषज्ञों की राय अलग-अलग है। कुछ लोगों का मानना है कि दूसरों की रक्षा करने या सामाजिक संबंधों को सुचारू बनाने के उद्देश्य से बोला गया सफेद झूठ भी हानिकारक होता है क्योंकि वे लोगों को वास्तविकता के अनुभव से वंचित रखता है जिसका उपयोग उनके

 द डार्क साइड ऑफ़ ह्यूमन साइकोलॉजी

जीवन को बेहतर बनाने के लिए किया जा सकता है। झूठ रिश्तों के लिए हानिकारक है क्योंकि वे अंतरात्मा को अवरुद्ध करता है। झूठ को हानिकारक माना जाता है क्योंकि वह विश्वास को नष्ट कर देता है- जो समाज का आधार है।

मनोवैज्ञानिक उन नियमों के तहत काम करते हैं जो नैतिक विचारों को ध्यान में रखना सुनिश्चित करते है। क्योंकि धोखे से प्रतिभागियों को नुकसान हो सकता है। इसलिए अनुसंधान में धोखे का उपयोग उनके नैतिक दिशानिर्देशों में बताया गया है। एपीए आचार संहिता में कहा गया है कि एक मनोवैज्ञानिक को तब तक धोखे का उपयोग नहीं करना चाहिए जब तक कि साध्य साधन को उचित न ठहरा दे। इसलिए, यदि अध्ययन का परिणाम भ्रामक रणनीति के संभावित नुकसान से अधिक हो तो धोखे का उपयोग किया जा सकता है। यह तर्क देना कठिन है कि शोध का परिणाम इतना मूल्यवान है कि धोखे के उपयोग को उचित ठहराता है। इसके अलावा, यदि किसी धोखे का प्रयोग किया जाता है, तो उसे प्रायोगिक प्रक्रिया में यथाशीघ्र प्रकट किया जाना चाहिए।

## धोखे के प्रकार

धोखा दो प्रकार का होता है: प्रत्यक्ष या अप्रत्यक्ष। धोखे के दो रूप हैं निष्क्रिय धोखा, जिसे अप्रत्यक्ष धोखा भी कहा जाता है, और सक्रिय धोखा, जिसे प्रत्यक्ष धोखा भी कहा जाता है।

## प्रत्यक्ष धोखा

प्रत्यक्ष (सक्रिय) धोखा तब होता है जब प्रतिभागियों को जानबूझकर किसी प्रयोग के बारे में गलत जानकारी प्रदान की जाती है, जिसमें झूठे निर्देश, कठिन स्थितियां, जानबूझकर भ्रामक प्रतिक्रिया, या अतिशयोक्ति और न्यूनीकरण का उपयोग शामिल है।

## अप्रत्यक्ष धोखा

अप्रत्यक्ष (निष्क्रिय) धोखा तब होता है जब प्रतिभागी शोध के वास्तविक उद्देश्य के पूर्ण प्रकटीकरण को स्थगित करने के लिए सहमत होते हैं या जब अध्ययन के लक्ष्यों को प्रतिभागी को गुमराह करने के लिए नहीं बताया जाता है।

## धोखे के फायदे और नुकसान

शोध में धोखे का उपयोग करने के कई फायदे और नुकसान हैं:

# लाभ

धोखा शोधकर्ताओं को ऐसी जानकारी प्राप्त करने की अनुमति देता है जिसे वे सामान्य रूप से प्राकृतिक सेटिंग में प्राप्त करने में असमर्थ होते हैं। उदाहरण के लिए, एक प्रयोग संघों का उपयोग करके एक 'आपातकालीन' स्थिति पैदा कर सकता है जो शोधकर्ताओं को उस निश्चित परिस्थिति में लोगों की प्रतिक्रियाओं को मापने की अनुमति देता है। अनुसंधान में धोखा वास्तविक प्रतिक्रियाओं को मापने का अवसर प्रदान करता है। यदि लोग किसी अध्ययन के लक्ष्यों से अनभिज्ञ हैं तो आपको प्रतिभागियों

से प्रामाणिक प्रतिक्रिया मिलने की अधिक संभावना है, बजाय इसके कि इस विषय पर प्रतिक्रिया करें।

मॉक ड्रिल इसका एक अच्छा उदाहरण है, इसके द्वारा हम यह पता लगाते हैं कि आपातकालीन स्थिति के दौरान लोग कैसा व्यवहार करेंगे, उसके अनुसार प्रबंध करना जिससे जान-माल का नुकसान कम से कम हो और लोगों को इसके लिए जागरूक भी किया जा सके। हम यह कह सकते हैं, मॉक ड्रिल एक ऐसा झूठ है, जो लोगों को जागरूक करने के लिए होता है कि आपदा आने पर किस तरह धैर्यपूर्वक उसका सामना करना है और यह पता लगाने के लिए होता है कि क्या प्रबंध किया  जाना जरूरी है, आपदा से होने वाले नुकसान को कम करने के लिए।

# हानि

धोखे से प्रतिभागियों के बीच संदेह पैदा हो सकता है, जिससे वे उस तरह से व्यवहार कर सकते हैं जैसा वे सामान्य रूप से नहीं करते। धोखा प्रतिभागियों के विश्वास का फायदा उठाता है और मनोवैज्ञानिक अनुसंधान की प्रतिष्ठा ख़राब करता है। परिणामस्वरूप, यह विषय को पक्षपाती बना सकता है जिससे यह संभावना कम हो जाती है कि कुछ लोग भाग लेना चाहेंगे।

यह तर्क दिया जा सकता है कि एक प्रतिभागी को, सूचित सहमति देने के लिए, एक शोध अध्ययन के वास्तविक उद्देश्यों को जानना चाहिए। यह प्रायोगिक अखंडता बनाए रखने का मामला है। इन कारणों से, कुछ लोग यह तर्क दे सकते हैं कि कोई भी धोखा अनैतिक है।

धोखे का सबसे अहम नुकसान है, विश्वास का टूटना और संबंधों का ख़राब होना। जिससे निजी और व्यापारिक सभी संबंध ख़राब होना लगभग निश्चित होता है।

## धोखे का मनोवैज्ञानिक प्रभाव

नुकसान की बात करें तो धोखे का असर क्या होता है ? जैसा कि हम पहले ही चर्चा कर चुके हैं, यह लोगों को मनोवैज्ञानिक अनुसंधान में भाग लेने से हतोत्साहित कर सकता है और संदेह परिणामों को अमान्य कर सकता है। लेकिन, क्या यह वास्तव में लोगों को नुकसान पहुंचाता है? **टस्केगी सिफलिस अध्ययन** जैसे प्रयोग, जहां विषयों का इलाज रोक दिया गया था जिससे उनकी जान बचाई जा सकती थी, 20वीं सदी की शुरुआत के अवशेष हैं और वर्तमान अध्ययनों पर लागू नहीं होते हैं।

लगभग किसी भी मुद्दे की तरह, इसमें भी एक से अधिक राय हैं। ऐसे कुछ सबूत हैं जो इस बात की ओर इशारा करते हैं कि धोखा नाराजगी और अन्य नकारात्मक भावनाओं का कारण बनता है। **माइकल चेंग- टेक ताई** का तर्क है कि शोध में धोखा कभी भी नैतिक नहीं है और इसकी अनुमति नहीं दी जानी चाहिए।

हालांकि, **एलन किमेल** का कहना है कि कुछ अध्ययनों से पता चला है कि जो लोग धोखे के प्रयोगों में भाग लेते हैं, वे प्रयोगों का अधिक आनंद लेते हैं और उससे अधिक शैक्षिक लाभ प्राप्त करते हैं। अन्य शोधकर्ताओं ने निष्कर्ष निकाला है कि न्यूनतम प्रकार के धोखे, जैसे झूठी प्रतिक्रिया या किसी अध्ययन की परिकल्पना को छिपाना, प्रतिभागियों को बहुत कम मनोवैज्ञानिक नुकसान पहुंचाते हैं।

20 वीं सदी के बाद से मनोविज्ञान में भ्रामक शोध में कमी आई है लेकिन यह पूरी तरह से खत्म नहीं हुआ है। इसके उपयोग से संबंधित नैतिक दिशा निर्देश अपेक्षाकृत सख्त हैं और प्रतिभागियों के लिए जोखिम को कम करने में प्रभावी रहे हैं। यह नोट किया गया है कि बुनियादी डीब्रीफिंग प्रक्रिया वर्तमान में उपयोग किए जाने वाले धोखे के परिणामों का प्रतिकार करने में संभवत: प्रभावी है। इसके फायदों और न्यूनतम जोखिम के कारण, वैज्ञानिक लाभ के लिए धोखे का इस्तेमाल जारी है।

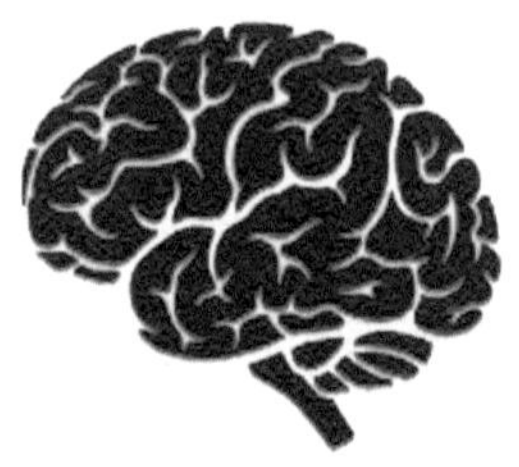

# समस्याग्रस्त व्यवहार

समस्याग्रस्त व्यवहार निरंतर ऐसे होते हैं जो एक बच्चे के सामाजिक संबंधों, संचार और सीखने में बाधा डालते हैं और अपने परिवारों, साथियों और अन्य वयस्कों को नुकसान पहुंचाते हैं। हालांकि वे नखरों के रूप में दिखाते हैं, कुछ मामलों में लंबे समय तक सिसकने जैसे दौरे भी दिख सकते हैं। जब तक समस्याग्रस्त व्यवहार समाप्त नहीं हो जाते, बच्चे के लिए अपना विकास पूरा करना असंभव होता है।

समस्याग्रस्त व्यवहार, बच्चे को उसके वर्तमान कौशल का उपयोग करने से रोकता है। इन व्यवहार पैटर्न वाले बच्चों को अभ्यास में न लाने के कारण अपने कौशल को खोने का जोखिम उठाना पड़ता है। उदाहरण के लिए, एक बच्चा जो कांटे और चाकू से खाने की क्षमता रखता है, वह खाने के बजाय कांटा और चाकू का उपयोग जोर से आवाज करने के लिए करेगा, यह समस्याग्रस्त व्यवहार का लक्षण हो सकता है।

बच्चों को अपने कौशल का उपयोग करने से रोकने के अलावा, ये व्यवहार पैटर्न उन्हें नए कौशल प्राप्त करने से भी रोकते हैं।

समस्याग्रस्त व्यवहार वाले बच्चे अनुभव या शिक्षण के साथ नए कौशल हासिल करने के लिए तैयार नहीं होते, क्योंकि उनके नखरे और अन्य प्रतिक्रियाएं, इसमें बाधा बनती हैं।

समस्याग्रस्त व्यवहार वाले बच्चों में नुकसान पहुँचाने की प्रवृत्ति भी देखी जाती है। बच्चे में खुद को या अपने करीबी लोगों को नुकसान पहुंचाने की संभावना होती है और इससे एक गंभीर खतरा उत्पन्न होने की संभावना रहती है। कई बच्चे हानिकारक व्यवहार जैसे खुद को मारना, जमीन पर सिर पटकना और बार-बार नखरे करना जैसी आदतें अपनाकर खुद को नुकसान पहुंचाने के लिए जाने जाते हैं। जिस बच्चे का व्यवहार समस्याग्रस्त है, वह स्वाभाविक रूप से अपने वातावरण में फिट नहीं बैठता। बार-बार चीखना, वस्तुओं से टकराकर शोर मचाना, लोगों को चोट पहुंचाने की कोशिश करना जैसे दोहराए जाने वाले व्यवहार बच्चे के अपने वातावरण के प्रति अनुकूलन को बुरी तरह प्रभावित करते हैं। यह बच्चों के सामाजिक विकास के संदर्भ में एक बड़ा जोखिम पैदा करता है। क्योंकि ये दोहराए जाने वाले व्यवहार बच्चों को अपने साथियों का ध्यान आकर्षित करने और उनसे दोस्ती करने से रोकते हैं।

समस्याग्रस्त व्यवहार वाले बच्चे स्वयं और अपने पर्यावरण के लिए खतरा पैदा कर सकते हैं। इन बच्चों के आक्रामक होने की अत्यधिक संभावना होती है। वे विभिन्न वस्तुओं से अपने दोस्तों, वयस्कों, स्वयं, उन लोगों को चोट पहुँचा सकते हैं जिन्हें वे जानते भी नहीं हैं। उन्हें लोगों को लगातार परेशान करने की ज़रूरत भी महसूस हो सकती है।

## समस्याग्रस्त व्यवहार के कारण

अधिकांश व्यवहार पैटर्न जिन्हें समस्या व्यवहार कहा जाता है, वे प्री-स्कूल या स्कूल उम्र के दौरान होते हैं। इसका कारण यह होता है कि बच्चा सामान्यत: माता-पिता के माहौल के अलावा एक नए माहौल में समय बिताता है या पहली बार लोगों के साथ समय बिताता है। इस अवधि में कई समस्याएं उत्पन्न हो सकती हैं और उनके कारण बच्चे में समस्यापूर्ण व्यवहार विकसित हो सकता है।

न सिर्फ बच्चों में बल्कि किशोरावस्था एवं वयस्कों में भी यह समस्या हो सकती है। एक मनोचिकित्सक को कारण निर्धारित करने के लिए समस्याग्रस्त व्यवहार वाले व्यक्ति

का मूल्यांकन करना होता है। समस्याग्रस्त व्यवहार का कारण जीवन की कोई घटना या पारिवारिक स्थिति हो सकती है। इसके अतिरिक्त पारिवारिक कलह, गरीबी से संघर्ष, चिंता या परिवार में किसी की मृत्यु या उम्र बढ़ने से मनोभ्रंश भी हो सकता है, जो व्यक्ति के व्यवहार को प्रभावित करता है।

**मर्क मैनुअल** के अनुसार, व्यवहार संबंधी समस्याएं अक्सर लड़कियों और लड़कों के बीच अलग-अलग तरीकों से दिखाई देती हैं। उदाहरण के लिए, समस्याग्रस्त व्यवहार वाले लड़के लड़ाई कर सकते हैं, चोरी कर सकते हैं या संपत्ति को नष्ट कर सकते हैं। समस्याग्रस्त व्यवहार वाली लड़कियाँ झूठ बोल सकती हैं या घर से भाग सकती हैं। दोनों में नशीली दवाओं और शराब के दुरुपयोग का अधिक खतरा रहता है।

समस्याग्रस्त व्यवहार के कारणों को दो भागों में गैर-स्कूल-संबंधित और स्कूल संबंधी कारकों के रूप में विभाजित किया जा सकता है।

## गैर-स्कूल-संबंधित कारक

**पारिवारिक कारक**: शोध से पता चलता है कि समस्याग्रस्त व्यवहार मुख्य रूप से परिवार की विशेषताओं के कारण होते हैं। भले ही बच्चा सीधे तौर पर हिंसा का शिकार नहीं होता है, लेकिन जब बच्चा जिस व्यक्ति को अपना रोल मॉडल मानता है वह चिल्ला कर आवाज उठाता है, तो समस्याग्रस्त व्यवहार उत्पन्न हो सकते हैं। यह ज्ञात है कि पारिवारिक माहौल में जहां बहस आम बात है, बच्चों में समस्याग्रस्त व्यवहार पैटर्न होते हैं।

परिवार के कारण अन्य कारकों में बच्चे का अत्यधिक अनुशासित होना या बिल्कुल भी अनुशासित न होना शामिल है। जब बच्चे पारिवारिक माहौल में बहुत अधिक दबाव में होते हैं तो वे समस्याग्रस्त व्यवहार दिखा सकते हैं और अचानक नए वातावरण में उन्हें इस दबाव की कमी महसूस होती है। दूसरी ओर, अनुशासनहीन बच्चे पहली बार सामाजिक वातावरण में रहने के प्रभाव के कारण समस्याग्रस्त व्यवहार दिखाने के लिए जाने जाते हैं।

यदि पारिवारिक माहौल में शारीरिक या मनोवैज्ञानिक हिंसा है, तो बच्चों में समस्याग्रस्त व्यवहार न होना असंभव है।

चाहे यह हिंसा बच्चे के प्रति नहीं है, फिर भी वह जो कुछ भी देखेगा उसका उस पर प्रभाव पड़ेगा और उसके व्यवहार में समस्या पैदा होंगी। इस प्रकार, माता-पिता का रवैया, परिवार की

विशेषताएं और इस माहौल में दिखाए गए व्यवहार के कारण बच्चे में समस्याग्रस्त व्यवहार हो सकता है।

**मास मीडिया**: टीवी और इंटरनेट जैसे मास मीडिया बच्चों के समस्याग्रस्त व्यवहार पर अत्यधिक प्रभाव डालते हैं। यहां तक कि एक नियमित विज्ञापन भी बच्चे पर प्रतिकूल प्रभाव डाल सकता है या उसे एक रोल मॉडल के रूप में गलत व्यवहार अपनाने

पर मजबूर कर सकता है। इसके अलावा, कार्टून चरित्र बच्चों के लिए बुरे रोल मॉडल हो सकते हैं और उनमें समस्याग्रस्त व्यवहार विकसित करने का कारण बन सकते हैं। यह ज्ञात है कि कार्टून देखने में लंबा समय बिताने वाले बच्चे विभिन्न प्रकार के समस्याग्रस्त व्यवहार प्रदर्शित करते हैं।

कंप्यूटर, टैबलेट, फोन जैसे जिन उपकरणों में इंटरनेट कनेक्शन या गेम हैं, वे भी बच्चों में समस्याग्रस्त व्यवहार का कारण बन सकते हैं। इस प्रकार के उपकरणों के प्रयोग के दौरान बच्चों की बातचीत सीमित होनी चाहिए और उनके द्वारा उपयोग किए जाने वाले प्रोग्राम, गेम या एप्लिकेशन माता-पिता की देखरेख में होने चाहिए। बच्चों को उनके स्तर की परवाह किए बिना हिंसक खेलों से दूर रखा जाना चाहिए और उन्हें दिमाग विकसित करने वाले खेलों की ओर निर्देशित किया जाना चाहिए।

## स्कूल से संबंधित कारक

**स्कूल की विशेषताएं**: स्कूल की भौतिक और सांस्कृतिक विशेषताएं भी बच्चे में नकारात्मक, समस्याग्रस्त व्यवहार पैदा कर सकती हैं। उदाहरण के लिए, यदि स्कूल में बहुत भीड़ है, कक्षाओं में क्षमता से अधिक विद्यार्थी हैं, भौतिक सुविधाएं अपर्याप्त हैं, ऐसे में इस स्कूल में जाने वाले बच्चे समस्याग्रस्त व्यवहार दिखा सकते हैं। क्योंकि बच्चे वहां अपने घर जैसा आराम तलाशेंगे, वापस घर जाना चाहेंगे और इस माहौल से बाहर निकलने के लिए प्रतिक्रिया दिखाना चाहेंगे। जब यह स्थिति निरंतरता प्राप्त करती है, तो बच्चे समस्याग्रस्त व्यवहार अपनाते हैं। साथ ही, स्कूल इकाई की सामाजिक और सांस्कृतिक विशेषताओं का भी बहुत महत्व है। बच्चे बहुसंख्यकों के बीच समस्याग्रस्त व्यवहार दिखा सकते हैं जिनमें उनके माता-पिता के समान सांस्कृतिक विशेषताएं नहीं होती हैं।

समस्याग्रस्त व्यवहार भावनाओं की अनुपस्थिति से लेकर आक्रामक भावनाओं तक हो सकता है। समस्याग्रस्त व्यवहार के कई लक्षण हो सकते हैं, जैसे:

- शराब या नशीली दवाओं का दुरुपयोग

- घबराहट

- क्रोधित, उद्दंड व्यवहार

- लापरवाही

- दैनिक जीवन से अरुचि या अलगाव

- नशीली दवाओं के प्रयोग

- भावनात्मक उदासी

- अत्यधिक, विघटनकारी बातचीत

- बेकार वस्तुओं को जमा करना

- अनुचित व्यवहार

- बढ़ा हुआ आत्मसम्मान या अति आत्मविश्वास

- जुनूनी विचार

- खराब राय

- संपत्ति का नुकसान

- खुद को चोट पहुंचाना

## समस्या व्यवहार से संबंधित सामान्य स्थितियों में शामिल हैं:

- चिंता विकार

- ध्यान अभाव सक्रियता विकार (एडीएचडी)

- दो ध्रुवीय विकार

- किसी प्रकार की गड़बड़ी

- प्रलाप

- पागलपन

- अवसाद

- अनियंत्रित जुनूनी विकार

- विपक्षी उद्दंड विकार

- प्रसवोत्तर अवसाद

- अभिघातजन्य तनाव विकार (पीटीएसडी)

- मनोविकृति

- एक प्रकार का मानसिक विकार

- मादक द्रव्यों का सेवन

## समस्याग्रस्त व्यवहार के लिए जिम्मेदार कारक

पुरानी और मानसिक स्वास्थ्य स्थितियों वाले लोगों में समस्याग्रस्त व्यवहार का जोखिम उन लोगों की तुलना में अधिक होता है जिनके पास ये स्थितियां नहीं होती हैं। कुछ समस्याग्रस्त व्यवहारों का आनुवंशिक संबंध होता है। **मर्क मैनुअल** के अनुसार, निम्नलिखित समस्याग्रस्त व्यवहार वाले माता-पिता के बच्चे समस्याग्रस्त व्यवहार संबंधी चिंताओं से ग्रस्त होने की अधिक संभावना रखते हैं:

- असामाजिक विकार

- एडीएचडी

- मूड विकार

- एक प्रकार का मानसिक विकार

- मादक द्रव्यों का सेवन

हालांकि, समस्याग्रस्त व्यवहार वाले लोग समस्याग्रस्त व्यवहार के कम इतिहास वाले परिवारों से भी आ सकते हैं।

## समस्याग्रस्त व्यवहार के लिए चिकित्सा सहायता कब लेनी चाहिए?

समस्याग्रस्त व्यवहार एक चिकित्सीय आपातकाल हो सकता है जब व्यवहार में निम्नलिखित क्रियाएं शामिल हों:

- आत्महत्या के बारे में सोच रहे हैं

- मतिभ्रम या आवाज़ें सुनना

- स्वयं को या दूसरों को हानि पहुँचाना

- हिंसा की धमकियाँ

## यदि आप या आपका कोई प्रियजन निम्नलिखित लक्षणों का अनुभव करते हैं-

- आपराधिक व्यवहार

- पशुओं के प्रति क्रूरता

- डराना-धमकाना, धमकाना या आवेगपूर्ण व्यवहार में संलग्न होना

- अलगाव की अत्यधिक भावनाएँ

- स्कूल या काम में कम रुचि

- समाज से दूरी बनाना

समस्याग्रस्त व्यवहार वाले लोग दूसरों से अलग महसूस कर सकते हैं, कुछ लोगों में ऐसी भावनाएँ हो सकती हैं जिन्हें वे समझ नहीं पाते या पहचान नहीं पाते। इससे निराशा और अधिक समस्याग्रस्त व्यवहार हो सकता है।

## समस्या व्यवहार का निदान कैसे किया जाता है?

एक डॉक्टर या मानसिक स्वास्थ्य विशेषज्ञ समस्या व्यवहार का मूल्यांकन कर सकता है। वे संभवत: स्वास्थ्य इतिहास को लेकर और किसी वयस्क या बच्चे के लक्षणों का विवरण सुनकर शुरुआत करेंगे। कुछ प्रश्न जो डॉक्टर पूछ सकते हैं उनमें शामिल हैं:

- यह व्यवहार कब शुरू हुआ?

- व्यवहार कितने समय तक चलता है?

- व्यवहार ने व्यक्ति के आसपास के लोगों को कैसे प्रभावित किया है?

- क्या व्यक्ति ने हाल ही में किसी जीवन परिवर्तन या परिवर्तन का अनुभव किया है जो व्यवहार को ट्रिगर कर सकता है?

डॉक्टर इस जानकारी का उपयोग व्यवहार के संभावित कारण और निदान को इंगित करने के लिए कर सकते हैं।

   

## समस्या व्यवहार का इलाज कैसे किया जाता है?

डॉक्टर इसके कारणों का निदान करके समस्या व्यवहार का इलाज करते हैं। जिन लोगों में खुद को नुकसान पहुंचाने का जोखिम है, उन्हें अपनी व्यक्तिगत सुरक्षा के लिए अस्पताल में भर्ती रहने की आवश्यकता हो सकती है।

समस्याग्रस्त व्यवहार के लिए अतिरिक्त उपचारों में शामिल हो सकते हैं:

- संघर्ष समाधान कक्षाएं

- काउंसलिंग

- सामूहिक चिकित्सा

- दवाएं

- पालन-पोषण कौशल कक्षाएं

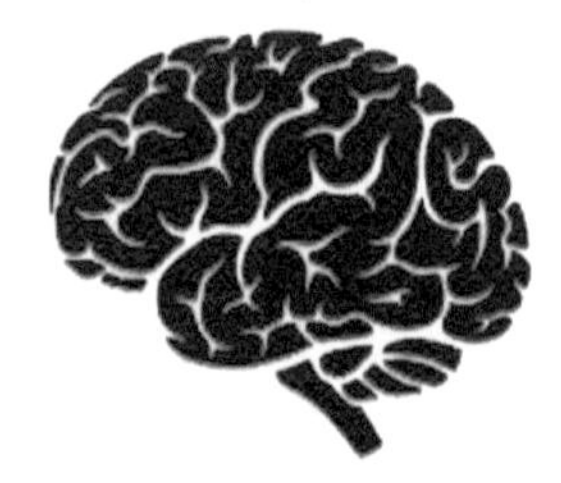

# प्यार और रिश्ते

मनोविज्ञान में प्यार और रिश्तों को कई भिन्न तरीकों से परिभाषित किया गया है। कुछ लोग सोचते हैं कि पारम्परिक आवश्यकता से प्रेरित हैं। अन्य लोग सोचते हैं कि ये लाभ और लागत का आदान-प्रदान हैं, लेकिन अंततः एक रिश्ता दो या दो से अधिक लोगों के बीच एक साझेदारी है। जिन लोगों के रिश्ते स्वस्थ होते हैं वे अपने जीवन को स्वस्थ और शांत महसूस करते हैं। रिश्ते हमेशा प्रेम से बनते हैं और प्रेम मनुष्य की सबसे गहरी भावनाओं में से एक है। लेकिन कई लोग इसकी अभिव्यक्ति एक साथी या पार्टनर के साथ रोमांटिक रिश्ते में तलाशते हैं किन्तु डार्क साइकोलॉजी के अंतर्गत वह रिश्ते आते हैं जो सिर्फ अपना मकसद हल करने के लिए निभाए जाते हैं, उनका भावनाओं से कोई सम्बन्ध नहीं होता और जो होता भी है, वे सिर्फ दिखावे का होता है।

पहले तो रिश्ते की शुरुआत मीठी-मीठी बातों से होती हैं और शुरुआत में वह सब किया जाता है, जिसकी आपको कभी उम्मीद ही नहीं होती। उस वक्त अनुभव कराया जाता है जैसे इससे

अच्छा पार्टनर कोई हो ही नहीं सकता। लेकिन एक वक़्त बाद पता चलता है कि सब एक दिखावा था और इतने दिनों से आपको जाल में फंसाया जा रहा था।

इस खेल में तो पहले आपकी इच्छा और सपनों का खास ख्याल रखा जाता है। ऐसे दिखाया जाता कि आपसे बढ़कर और कोई नहीं है और फिर कुछ समय बाद पता चलता है कि ये सब अपना मकसद हल करने का एक जरिया था। अगर आपके साथ भी ऐसा व्यवहार किया जा रहा है, तो एक बार समय रहते सोच लेना चाहिए।

## डिवैलुएशन

आपका पार्टनर पल में बहुत प्यारा और अगले ही पल बहुत बुरा महसूस हो सकता है। यह सेकंड फेस होता है, इसे डिवैलुएशन फेस कहा जाता है। आइडल जैसा प्यार समय के साथ बुरा होने लगता है, और आप खुद को दोष देने लगते हो, आपको लगता है आप में कोई कमी है या आपसे कोई बड़ी गलती हो गयी है पर ऐसा नहीं होता, ये सब सोच समझ कर अपना मकसद पूरा किया जाता है। ऐसे लोग पब्लिक के सामने बहुत ज्यादा प्यार करने वाले होते हैं, जिससे लोगों को लगता है कि आपको कितना प्यार करने वाला पार्टनर मिला है। लेकिन अकेले में वे आक्रामक हो जाते हैं। ऐसे लोग बड़ी चालाकी से अपना शिकार चुनते हैं। इनके मुख्य शिकार होते हैं तलाकशुदा या अभी जिसका ब्रेकअप हुआ हो या जिसमें कॉन्फिडेंस की कमी हो। इस प्रकार के मनुपुलेशन को मनोविज्ञान में लव बॉम्बिंग कहते हैं। लव बॉम्बिंग सुनने भले ही यह वर्ड सुन्दर लगता हो, रिश्ते की शुरुआत में पॉजिटिव लगता हो, लेकिन यही आगे जाकर दुख और परेशानी का कारण बनता है। इसका अंत हमेशा बुरा ही होता है।

आपको बता दें कि लव बॉम्बिंग सिर्फ रिश्तों में ही नहीं है, बल्कि यह नौकरी में भी काफी होती है, लोगों को फंसाया जाता है।

पहले कैंडिडेट को कंपनी के बारे में बहुत कुछ बताया जाता है, इतनी तारीफ की जाती है कि कोई भी प्रभावित हो जाए।

अच्छी सैलरी का लालच दिया जाता है और वर्क प्रोफाइल के बारे में काफी कुछ पॉजिटिव बताया जाता है। बाद में कंपनी की स्थिति कुछ और निकलती है, सब झूठ होता है या एकतरफा सच। कई कम्पनीज़ अपने खाली पदों के लिए उम्मीदवार तलाशने के लिए करती हैं।

अब सवाल यह उठता है कि आप कैसे जानें कि आप ऐसे व्यक्ति से प्यार करते हैं, जो एक लव बॉम्बर है। आपकी मेन्टल हेल्थ अच्छी रहे, इसलिए जरूरी है कि आप पता लगाएं कि कहीं आप लव बॉम्बिंग के शिकार तो नहीं हैं।

- क्या कोई व्यक्ति आपकी फैमिली, करियर या हॉबी में बहुत ज्यादा रुचि ले रहा है?

-  क्या कोई व्यक्ति एक पल आपकी तारीफ करता है और दूसरी तरफ आपकी बुराई?

- क्या कोई व्यक्ति आपकी पल-पल की जानकारी रखता है, आप कहां हैं क्या कर रहे हैं?

- क्या आप हमेशा नर्वस(nervous) रहते हैं,और कोई व्यक्ति हमेशा आपको कम्फर्टेबल(comfortable) फील कराता है।

- क्या कोई आपके समय की अनदेखी करता है और सिर्फ अपनी जरूरत के अनुसार चीजों को नियोजित करता है?

- लोगों के सामने आपको सम्मान और प्रेम जताता है, जिससे लोगों को यह लगे कि आप दोनों की रिलेशनशिप परफेक्ट एंड रोमांटिक है।

- ये लोग कॉम्पलिमेंट और गिफ्ट्स देने में एक्सपर्ट होते हैं और गिफ्ट्स देने के बाद बार-बार जताते रहते हैं कि उन्होंने आपके लिए कितना कुछ किया।

- यदि आप उनकी किसी बात का जवाब नहीं देंगे तो ये आप पर गुस्सा भी दिखा सकते हैं।

यह भी संभव है कि आप खुद लव बॉम्बिंग कर रहे हों और आपको इस बात का पता भी न हो! यदि आप किसी से बहुत ज्यादा प्यार करते हो और आपको लगता है, आपका पार्टनर आपको अनदेखा कर रहा है। क्या आपको डर है कि आप अकेले पड़ जाएंगे, आपका पार्टनर आपसे ब्रेकअप कर सकता है। अपने व्यवहार को समझने के लिए थोड़ा समय निकालें और समझें कि ऐसा व्यवहार आप क्यों कर रहे हैं?

## महिलाएं

महिलाएं भावुक होती हैं। यही कारण है कि लोग उनकी भावुकता का नाजायज फायदा उठाते हैं और वे कभी-कभी बुरे आदमी के प्यार में पड़ जाती हैं, ऐसे में उनके लिए गलत लोगों का विरोध करना भी कठिन हो जाता है। क्या आपने कभी सोचा है कि ऐसा क्यों? क्योंकि,

कुछ लोगों का मानना है कि महिलाओं को आसानी से बरगलाया जा सकता है! हालांकि सभी महिलाओं नहीं, बल्कि कठिनाइयों में फंसी हुई या फिर कम आत्मविश्वासी महिलाओं को।

मनोविज्ञान के अनुसार महिलाओं में और भी कई कारण हैं जो उन्हें पुरुष वर्ग का शिकार बनाते हैं जैसा कि हम सब अनुभव करते हैं कि महिलाएं अपनी लव लाइफ में खूब ड्रामा पसंद करती हैं। यही नहीं, महिलाएं एक परी कथा जैसा प्रेम जीवन जीना चाहती हैं, जो वास्तव में कभी अस्तित्व में नहीं होता। वे हकीकत पर ध्यान देने में विफल रहती हैं, लेकिन यह उनकी गलती नहीं है, ये सिर्फ बुनियादी निर्मित विचार हैं जिसमें हम सभी रहते हैं।

महिलाओं और पुरुषों के बीच एक-दूसरे के प्रति आकर्षण होना, एक स्वाभाविक प्रक्रिया है। परंतु अपने आसपास ऐसा देख सकते हैं कि अधिकतर मामलों में इसकी पहल पुरुषों द्वारा ही की जाती है। यहां तक कि युवावस्था में लड़के-लड़कियां अपने दोस्तों को इस बारे में विभिन्न प्रकार के टिप्स देकर स्वयं को लव-गुरु भी सिद्ध करते हैं।

लव-गुरुओं द्वारा महिलाओं को अपनी ओर आकर्षित करने के लिए जिन तरीकों का उपयोग किया है, उनमें प्रमुख हैं:

## आंखों से संपर्क बनाना

महिला और पुरुष में संपर्क बढ़ाने का सर्वप्रथम काम उनकी आंखें ही करती हैं। यदि आप एक पुरुष हैं और एक भावुक व कम आत्मविश्वासी महिला को अपने आपको पसंद करने के लिए प्रेरित करने की कोशिश कर रहे हैं, तो आपका पहला कदम यह होगा कि आप उनके साथ गहन संपर्क बनाए रखेंगे। इसे स्वाभाविक प्रस्तुत करने की भरपूर कोशिश करेंगे और उसे यह समझने देंगे कि आप उसे पसंद करते हैं।

## दिलचस्पी दिखाना

पुरुष स्वयं को हताश महसूस कर सकता है, खासकर जब वह किसी सुंदर महिला के साथ हो। इसलिए, यदि आप उस महिला में कोई दिलचस्पी नहीं दिखाते हैं तो आपका यह व्यवहार उसे पागल बना देगा। सुनिश्चित करें कि वह आपको नोटिस करती है लेकिन आप उसकी उपस्थिति को नजरअंदाज करने की कोशिश करते हैं। इससे वह उत्सुक हो सकती है और उसे आश्चर्य हो सकता है कि इसे मुझमें दिलचस्पी क्यों नहीं है? यह उन तरीकों में से एक है जिससे आप कम आत्मविश्वास वाली महिलाओं के साथ संपर्क बना सकते हैं।

## अपनी अहमियत दिखाना

जब आप किसी महिला को आपको पसंद करने के लिए प्रेरित करने की कोशिश कर रहे हों, तो उन्हें अपने पास आने के लिए प्रेरित कर सकते हैं। महिलाओं को भी चुनने और अस्वीकार करने का मौका दें। यदि आप वास्तव में उस महिला को पसंद करते हैं तो उसकी सभी बातों से सहमत न होकर उसे अपने पर ध्यान दिलाने का प्रयास करें। उसे बताएं कि उसे अपनी सहमति देने से पहले वास्तविक जीवन में मिलने वाले धोखों से संबंधित किन बातों पर ध्यान देना चाहिए। इस तरह वह न केवल आपको नोटिस करेगी बल्कि आपको समझने की कोशिश करेगी और साबित करेगी कि वह कहां और कैसे सही थी।

## ईर्ष्या और महिलाएं

अपने सपनों की लड़की से मिलने के बाद यदि आप उसे अपनी प्रेमिका बनाने की कोशिश कर रहे हैं, तो आपको उससे फ्लर्ट करने की ज़रूरत है। ईर्ष्या किसी भी लड़की को प्यार में डाल सकती है। किसी को खोने का डर, उसे आपका पूरा ध्यान खींचने पर मजबूर कर देगा। इसलिए, जब भी आपकी गर्लफ्रेंड आसपास हो, तो उसे ईर्ष्यालु बनाने के लिए दूसरी लड़कियों के साथ फ्लर्ट करें। यह उन तरीकों में से एक है जिनसे आप कम आत्मविश्वास वाली महिलाओं को स्वयं को पसंद करने के लिए प्रेरित कर सकते हैं।

## भ्रमित करने का प्रयास करना

यदि आप उस लड़की को अपनी प्रेमिका बनाना चाहते हैं जिसे आप पसंद करते हैं, तो उसे हमेशा मिश्रित संकेत भेजें। उसके प्रति अपनी भावनाओं को व्यक्त करने के तरीके में कभी भी स्पष्टता न रखें। उसे प्यार का एहसास कराएं, साथ ही बहुत कैजुअल बनकर भी दिखाएं। वास्तव में अब वह भ्रमित है। उसे यह जानने की कोशिश करनी चाहिए कि आपके मन में उसके लिए क्या भावनाएँ हैं। प्यार का एहसास कौन नहीं करना चाहता ? तो आपकी पसंद की वह लड़की भी जानना चाहेगी कि क्या उसे प्यार किया जा रहा है या यह आपका दोस्ताना स्वभाव था। यह आपकी पसंदीदा महिला को आपको पसंद करने के लिए प्रेरित करने का एक तरीका है।

## थोड़ा रहस्यमयी बनना

महिलाओं में उत्सुकता जगाने के लिए आपको थोड़ा रहस्यमयी दिखना होगा। विशेष मौकों पर बिना बताए उनके लिए उपहार लाएं। बस कुछ संकेत दें लेकिन कभी भी पूरी तरह से  प्रकट

न करें। आपमें और अधिक रुचि विकसित करने के लिए उनकी जिज्ञासा का उपयोग करें। रहस्यमयी बनकर आप उसे अपने बारे में सोचने पर मजबूर करते हैं, जिससे आप में उनकी रुचि विकसित होती है। इसलिए जब वह आसपास हो तो हमेशा थोड़ा रहस्यमयी बने रहें। यह उन तरीकों में से एक है जिससे आप आसानी से लड़की को आपको पसंद करने के लिए प्रेरित कर सकते हैं।

## उपेक्षित करना

जब आप किसी लड़की को खुद को पसंद करने के लिए प्रेरित करने का प्रयास कर रहे हों, तो आपको उसे यह महसूस कराना होगा कि वह उपेक्षित है। उसके आसपास के हर किसी के साथ अच्छा व्यवहार करें, लेकिन कभी भी उससे बात करने की जहमत न उठाएं। इस तरह आप उसे उपेक्षित महसूस कराएंगे। इससे उसे लगेगा कि उसमें कुछ ऐसी गड़बड़ है जो आपको नापसंद है, इसलिए वह आपका ध्यान आकर्षित करने की कोशिश कर सकती है। जब आप उस पर अपना ध्यान देंगे तो वह बहुत खुशी के साथ इसका स्वागत कर सकती है।

## आज्ञाकारी बनना

महिलाओं के साथ संपर्क बढ़ाने की कोशिश करते समय, हावी रहें। अपनी प्रेमिका को बताएं कि आपका जीवन सुखी है और आप इसका आनंद लेते हैं, ताकि वह जान सके कि क्या करना है और क्या नहीं करना है। महिलाएं भी कई तरह की होती हैं, आजकल सिर्फ पुरुष ही नहीं बल्कि महिलाएं भी धोखा देने में एक्सपर्ट हैं इसलिए पहले उसे समझें और संदेह होने पर चीजों को अपने हाथ में लें तथा सीमाएं तय करें।

## सहानुभूति प्राप्त करना

जब आप किसी महिला को आपको पसंद करने के लिए प्रेरित करना चाहते हैं तो आपको उसकी सहानुभूति प्राप्त करने की आवश्यकता है। महिलाएं करुणामयी होती हैं और सही समय पर इसका इस्तेमाल करने पर आपको उनका पूरा ध्यान और देखभाल मिलती है। उसे कोई दुखद कहानी सुनाएं जो आपके साथ कभी घटित हुई हो। थोड़ा नाटक करें और उसकी सहायता पाने का प्रयास करें। उसे बताएं कि आपको कुछ दुख हैं और आपने संघर्ष कर उन पर कैसे काबू पाया है। ऐसा करने से आपको उसके दिल में स्थाई जगह मिल जाती है।

## प्यार को स्वीकार करना

हर किसी को यह बताना अच्छा लगता है कि वे प्यार में हैं, तो अपनी प्रेमिका को बताएं कि आप उनसे प्यार करते हैं। अपनी प्रेमिका को छोटे-छोटे रहस्य बताएं लेकिन उससे यह अपेक्षा न करें कि वह आपको तुरंत कोई परिणाम देगी। उसे बताएं कि उससे आपको बहुत ज्यादा प्यार है और वह हमेशा आपके लिए एक जैसी रही है। महिलाएं खुले प्यार में विश्वास करती हैं और जब इसमें बहुत अधिक नाटक होता है तो वे इसकी सराहना करती हैं। यह उन तरीकों में से एक है जिससे आप महिलाओं को आपको पसंद करने के लिए प्रेरित कर सकते हैं।

## आश्वस्त रहना

महिलाओं को ऐसे पुरुष पसंद आते हैं जो आत्मविश्वासी हों, यह एक प्रमुख कारक है जो उन्हें आकर्षित करता है। अपने आप को प्यारा बनाने के लिए आपको एक आत्मविश्वासी व्यक्ति बनना होगा जिसके साथ रहना उसे उचित लगे। अपना जीवन इस तरह जिएं कि उसे आपके साथ रहने की जरूरत महसूस हो। उसे यह महसूस कराएं कि आपके साथ रहने से उसका जीवन और भी अद्भुत हो सकता है। यदि आप किसी महिला को आपको पसंद करने के लिए प्रेरित करना चाहते हैं तो आपको एक आत्मविश्वासी व्यक्ति बनने की आवश्यकता है।

## हार्डबॉल खेलना

जब आप अपनी प्रेमिका को आपको पसंद करने के लिए प्रेरित करना चाहते हैं, तो आपको हार्डबॉल गेम खेलने की ज़रूरत है। उसे महसूस कराएं कि आप अवांछनीय हैं और आपको प्रभावित करना आसान नहीं। जब वह घर चलने के लिए कहे, अपनी कार ठीक करवाने का बहाना बनाएं या जब वह कॉफी के लिए बुलाए तो उसे मना कर दें। उसके एहसानों या अनुरोधों को अस्वीकार करके आप उसे यह महसूस कराएं कि आप बहुत खास व्यक्ति हैं और उसे आपको पाने के लिए कड़ी मेहनत करनी होगी।

## अद्भुत महसूस कराना

अगर आप अपने सपनों में आने वाली लड़की को अपनी गर्लफ्रेंड बनाना चाहते हैं, तो आपको बस उसे यह विश्वास दिलाना होगा कि आप अद्भुत हैं। उसे दिखाएं कि जब वह आपके साथ होगी तो उसका जीवन कितना अद्भुत होगा। उसे यह महसूस कराएं कि आपके साथ उसका जीवन उसकी कल्पनाओं से कहीं बेहतर है। यदि आप उसे विश्वास दिलाते हैं कि आपके साथ



द डार्क साइड ऑफ़ ह्यूमन साइकोलॉजी

जीवन साहसिक और आकर्षक हो सकता है, तो वह आपके प्यार में पड़ जाती है। यह महिलाओं के साथ संपर्क बनाए रखने के तरीकों में से एक है।

## अपनी रुचि दर्शाना

जब आपको महिला प्रेम में रुचि हो, आप चाहते हो वह आपको पसंद करने के लिए प्रेरित हो सके, तो आपको अपना कदम उठाने की जरूरत है। रेस्टोरेंट में पहले उसे बैठने दें, उसका हाथ पकड़कर ऊंचे-नीचे स्थान पर चलते हुए उसकी सहायता करें, उसकी पसंद पर ध्यान दें। उसे सूक्ष्म संकेत दें कि आपके मन में उसके लिए अच्छी भावनाएं हैं। इस सरल तरकीब से महिलाओं को आसानी से आपको पसंद करने के लिए प्रेरित किया जा सकता है।

## भावनाओं को समझना

महिला के साथ संपर्क बनाने के लिए आपको उसकी भावनाओं को बेहतर ढंग से समझने की जरूरत है। आपको यह देखने की जरूरत है कि वह विभिन्न स्थितियों पर किस तरह प्रतिक्रिया करती है। जानें कि उसके साथ कैसे व्यवहार करना है, जानें कि किस चीज से उसे खुशी मिलेगी या किस चीज से दुख होगा। उसकी एक खुशनुमा याद को उसमें डाल दो और उसे खुश कर दो। इस तरह आप आसानी से उसकी भावनाओं का उपयोग करके, उसे नियंत्रित करना सीख सकते हैं।

## नाटकीय बनना

महिलाएं उन लड़कों के प्रति अधिक आकर्षित हो जाती हैं जो अपने प्यार का इज़हार करने के लिए बड़े-बड़े इशारे करते हैं। इसलिए, यदि आप उसे आपको पसंद करने के लिए प्रेरित करना चाहते हैं, तो आपको बहुत सारे नाटकों के साथ उसे यह दिखाना होगा कि आप उससे प्यार करते हैं। उसे आश्चर्यचकित कर दें; जब अपनी रुचि व्यक्त करने की बात आए तो इसे एक बड़ी बात का रूप दें। इससे आपको उसका दिल आसानी से जीतने में मदद मिलेगी और वह आपको अपने जीवन पर पूरा नियंत्रण रखने देगी। यह उन तरीकों में से एक है जिससे आप अपनी पसंदीदा लड़की के साथ संपर्क बनाए रख सकते हैं।

## अपनी बात सुनाने देना

अपनी प्रेमिका को अपनी बात सुनाने के लिए, आपको बस अपनी भावनाओं को व्यक्त करने की ज़रूरत है; खुशी देने वाली, नाराज़गी वाली या दुखी करने वाली सभी। उसे आपको सांत्वना

देने दें, आप जितना अधिक दुखी महसूस करेंगे, आपको उससे उतना ही अधिक स्नेह मिलेगा। आप अपने आप को अभिव्यक्त करके जितना अधिक प्रसन्न होंगे; यह उसके लिए उतना ही अधिक खुशी का विषय हो जाता है। गुस्सा होने पर, वह आपका मूड ठीक करना चाहेगी और उम्मीद है कि आप उसके साथ अच्छा समय बिताएंगे। कभी भी ऐसे न बनें जो हमेशा अपनी कहानियाँ सुनाता हो, कभी-कभार उसे अपनी कहानियां सुनाने को भी कहें। यह महिलाओं को आपको पसंद करने के लिए प्रेरित करने का एक तरीका है।

## ऑनलाइन रहना लेकिन प्रतिक्रिया न देना

महिलाओं को अपने लिए पागल करने के लिए, आपको एक टेक्स्ट संदेश भेजना होगा या फेसबुक, हैंगआउट जैसे सोशल मीडिया खातों पर चैट करना होगा, लेकिन कभी भी तुरंत प्रतिक्रिया नहीं देनी होगी। जिससे वह आपसे संदेशों की अपेक्षा करना छोड़ दे। आपको उसके साथ अच्छी बातचीत करनी होगी और फिर इस तकनीक का पालन करना होगा। यदि आप बातचीत शुरू करने के तुरंत बाद, बिना कोई उत्तर दिए छोड़ देते हैं तो यह प्रभावी नहीं हो सकता है। इसलिए पहले एक दिलचस्प बातचीत बनाएं और फिर उसे तुरंत जवाब न दें। ऑनलाइन रहें लेकिन उसे देर से प्रतिक्रिया दें, इससे वह आपके संदेश के लिए पागल हो जाएगी। यह महिलाओं के साथ संपर्क बनाने के सबसे आम तरीकों में से एक है।

## नियमित रूप से न मिलना

यदि आप चाहते हैं कि आपकी प्रेमिका आपके लिए तरसती रहे, तो आपको कभी भी उसके लिए उपलब्ध नहीं होना चाहिए। यह सुनिश्चित कर लें कि उससे कभी-कभी मिलें या उसे नियमित रूप से न देखें। बीच में एक या दो दिन छोड़ें ताकि उसमें आपको देखने की उत्सुकता बढ़े और वह यह सोचने पर मजबूर हो जाए कि आप क्यों नहीं आए। यह तरीका आपके संबंध को सुदृढ़ बना सकता है।

## अलग महसूस कराना

महिलाओं को खास और अनोखा महसूस करना अच्छा लगता है लेकिन पुरुष ऐसा करने में असफल रहते हैं। आप उससे कहें कि आप अब तक जितनी भी महिलाओं से मिले हैं, उनमें से वह अद्वितीय है। उसे बताएं कि वह सबसे अलग और अद्वितीय महिला है जिससे आप हमेशा प्यार में पड़ने की उम्मीद करते हैं। सुनिश्चित करें कि वह समझती है कि आप मानते हैं कि वह

उन सभी महिलाओं में से विशेष है जिनसे आप अब तक मिले हैं। ऐसा करके आप आसानी से आपको पसंद करने के लिए उसे प्रेरित कर सकते हैं।

## पक्ष में रहना

जब आप अपनी पत्नी, प्रेमिका या किसी अन्य महिला को अपनी ओर आकर्षित करना चाहते हैं, तो उसके लिए हर परिस्थिति में खड़े हों। जब भी उसकी आलोचना की जाए या दूसरों द्वारा उसका मूल्यांकन किया जाए, तो उसकी रक्षा करें। दूसरों को कभी भी उसके बारे में बुरा न बोलने दें। इस तरह आप अपनी पसंदीदा लड़की को आसानी से प्रभावित कर सकेंगे क्योंकि उसकी अपनी असुरक्षाएं हो सकती हैं। उसके लिए खड़े होकर आप उसे आश्वस्त करते हैं कि आप उसे घर-बाहर समाज में सुरक्षित माहौल दे सकते हैं।

## कार्यों को प्रतिबिंबित करना

यदि आप चाहते हैं कि महिला आपको पसंद करे, तो उसके कार्यों को प्रतिबिंबित करें। उसकी हरकतों को कॉपी करें, ऐसा करके आप उसे प्रभावित करते हैं और साथ ही आप उसे आसानी से धोखा देकर अपने आपको पसंद करवा सकते हैं। उसे प्रेरित करके आप उसे एक गुप्त संदेश भेजते हैं कि आप उसमें रुचि रखते हैं। उसकी शारीरिक भाषा, उसकी भावनाओं को प्रतिबिंबित करें, इससे आपको उसे विशेष महसूस कराने में मदद मिलेगी और वह आपको पसंद करने लगेगी।

## कुछ दिनों के लिए गायब हो जाना

अपनी लड़की को जानने के बाद यदि आप चाहते हैं कि वह आपको बहुत याद करे तो आपको कुछ दिनों के लिए उससे दूर हो जाना चाहिए। यह सुनिश्चित कर लें कि जब आप गायब हो जाएं तो उसे कोई संदेश न भेजें या उसे कॉल न करें। अपने दोस्तों से कहें कि वे आपके बारे में कोई भी जानकारी न दें। इस तरह वह आप तक पहुंचने की कोशिश करेगी और आपकी तलाश शुरू कर देगी और जब आप आस-पास नहीं होंगे तो वह आपको याद करेगी। यह आपकी प्रेमिका को आपको पसंद करने के लिए प्रेरित करने का एक तरीका है।

## आकर्षक बनना

हर कोई ऐसे लोगों के साथ रहना पसंद करता है जो आकर्षक और मौज-मस्ती पसंद करने वाले हों। जब आप अपनी पसंद की महिला के आसपास हों तो हमेशा मिलनसार व्यक्ति की

तरह बनें और अपने चेहरे पर एक बड़ी मुस्कुराहट रखें ताकि उसे लगे कि आप प्यार में हैं। यदि आप वास्तव में ऐसे हैं उससे प्यार करते हैं, तो कोई भी महिला आपसे प्यार करने लगेगी। इसलिए, सुनिश्चित करें कि आपने वास्तव में अपनी पसंदीदा लड़की को आपको पसंद करने के लिए प्रेरित करने के तरीकों पर अमल करने से पहले इसके फायदे और नुकसान, दोनों के बारे में सोचा है और तरीकों का इस्तेमाल तब करें जब आप उनको सच में पसंद करते हैं और अपने रिश्ते को सच में आगे बढ़ाना चाहते हैं।

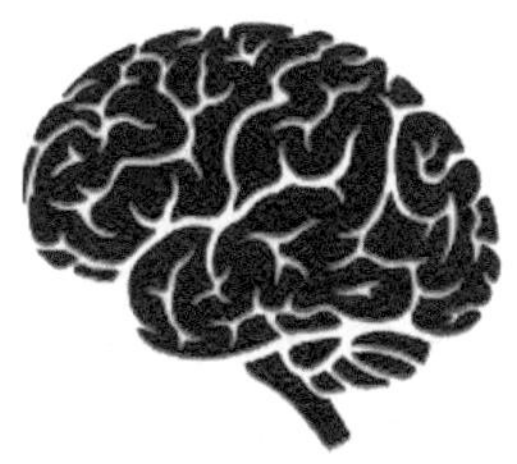

# व्यक्तित्व का अंधकारमय कारक

व्यक्तित्व का अंधेरा (या डी) कारक एक बुनियादी मनोवैज्ञानिक व्यक्तित्व विशेषता है और इस प्रकार सभी स्थितियों में अपेक्षाकृत सुसंगत और समय के साथ स्थिर रहता है। डी का ऊंचा स्तर व्यक्तियों को आक्रामकता, बदमाशी, धोखाधड़ी, अपराध, चोरी, बर्बरता, हिंसा और कई अन्य सामाजिक और नैतिक रूप से प्रतिकूल विचारों और व्यवहारों की एक विस्तृत श्रृंखला की ओर प्रेरित करता है।

डी को "किसी की व्यक्तिगत उपयोगिता को अधिकतम करने की प्रवृत्ति के रूप में परिभाषित किया गया है - दूसरों की उपेक्षा करना, स्वीकार करना, या दुर्भावनापूर्ण रूप से अयोग्यता को भड़काना - साथ ही ऐसा विश्वास जो औचित्य के रूप में काम करता है।" उपयोगिता से तात्पर्य उस सीमा से है जिस सीमा पर व्यक्ति अपने लक्ष्यों को प्राप्त करते हैं, और अनुपयोगिता वह सीमा है जिससे लक्ष्य-प्राप्ति में बाधा आती है। लक्ष्य कम या ज्यादा मूर्त हो सकते हैं (जैसे पैसा, स्थिति, या शक्ति बनाम उत्साह, खुशी या आनंद)। जबकि अपने

लक्ष्यों को प्राप्त करने का लक्ष्य सामान्य मनोवैज्ञानिक कामकाज का एक पहलू है, डी में ऊंचे स्तर वाले व्यक्ति अपने लक्ष्यों को प्राप्त करने में अन्य व्यक्तियों या समूहों को नुकसान पहुंचाने के इच्छुक होते हैं। यानी, वे दूसरों की असुविधा का कारण बनते हैं। उदाहरण के लिए, किसी चीज़ को चुराना वित्तीय असुविधा का कारण बनता है, किसी को धमकाना मनोवैज्ञानिक असुविधा का कारण बनता है, और किसी को चोट पहुंचाने से शारीरिक असुविधा कारण होती है। डी में उच्च व्यक्तियों को दूसरों के दर्द से अपनी उत्तेजना का भी अनुभव हो सकता है।

दूसरों के प्रति प्रतिकूल या द्वेषपूर्ण व्यवहार में संलग्न होने के बावजूद एक सकारात्मक (नैतिक) आत्म-छवि बनाए रखने के लिए, उच्च-डी व्यक्ति ऐसे विचार रखते हैं जिन्हें वे अपने व्यवहार को उचित ठहराने के लिए उपयुक्त मानते हैं। उदाहरण के लिए, ऐसी मान्यताओं में शामिल हैं, खुद को या किसी के समूह को श्रेष्ठ और हकदार मानना, व्यक्तियों या समूहों के प्रभुत्व के पक्ष में विचारधाराओं का समर्थन करना, दुनिया को एक खतरनाक जगह और प्रतिस्पर्धी के रूप में देखना, यह मानना कि दूसरे मूर्ख हैं शोषण के पात्र हैं और भी बहुत कुछ। ये मान्यताएँ डी श्रेणी में उच्च व्यक्तियों को ऐसे तरीके से कार्य करने की अनुमति देती हैं जो अपराध या पश्चाताप की भावना के बिना दूसरों को नुकसान पहुंचाते हैं, और इस तरह द्वेषपूर्ण व्यवहार को बनाए रखने में योगदान करते हैं।

डी सिद्धांत के अनुसार, डी किसी भी विपरीत गुण (जैसे मैकियावेलियनिज्म, नार्सिसिज्म, या साइकोपैथी) के अंतर्निहित मूल स्वभाव को दर्शाता है, जिसे डी की विशिष्ट अभिव्यक्ति 'सुगंधित अभिव्यक्ति' के रूप में माना जाता है। परिणामस्वरूप, डी सभी प्रकार के लक्षणों को दर्शाता है। गुणों में समानता होती है, अर्थात किसी भी गुण का प्रतिकूल भाग। इसका तात्पर्य यह है कि किसी भी प्रतिकूल गुण में डी की विशेषताएं शामिल होती हैं, लेकिन संभावित रूप से अन्य घटक भी शामिल होते हैं जो डी से काफी हद तक असंबंधित होते हैं और इस प्रकार प्रतिकूल नहीं होते हैं। उदाहरण के लिए, मनोरोगी प्रतिकूल है क्योंकि यह कुछ हद तक डी को दर्शाता है, लेकिन इसमें अतिरिक्त रूप से विघटन या आवेग से संबंधित विशेषताएं शामिल हैं, जो अलगाव में व्यवस्थित रूप से प्रतिकूल व्यवहार का कारण नहीं बनती हैं। हालाँकि, डी के साथ यह निर्धारित करना कि प्रतिकूल व्यवहार होता है या नहीं, आवेग सह-निर्धारित करता है कि ऐसा व्यवहार कैसे और किन परिस्थितियों में प्रदर्शित होता है।

## माप

डी को आमतौर पर स्व-रिपोर्ट के आधार पर मापा जाता है। क्योंकि डी को प्रतिकूल व्यवहार की घटना के लिए जिम्मेदार माना जाता है, यह प्रतिकूल लक्षणों का आकलन करने के लिए उपयोग किए जाने वाले सभी संकेतकों में प्रतिबिंबित होगा, भले ही अलग-अलग डिग्री तक। हालांकि, किसी विशेष प्रतिकूल विशेषता के संकेतक भी डी को प्रतिबिंबित करेंगे। डी को मापने के लिए डी द्वारा प्रतिनिधित्व की जाने वाली पूर्ण सैद्धांतिक चौड़ाई को पकड़ने के लिए पर्याप्त रूप से बड़ी संख्या में विविध संकेतकों को शामिल करने की आवश्यकता होती है। इस प्रकार, आइटम सेट जो डी के विश्वसनीय और वैध मूल्यांकन की अनुमति देते हैं, संकलित किए गए हैं और कई भाषाओं में उपलब्ध हैं, और ऑनलाइन स्व-मूल्यांकन के रूप में भी उपलब्ध है।

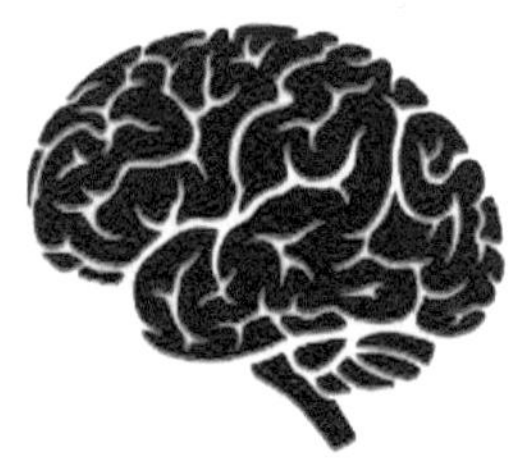

# भावनात्मक हेरफेर से खुद को कैसे बचाएं?

भावनात्मक हेरफेर तब होता है जब कोई व्यक्ति कुछ रणनीति अपनाकर सत्ता या नियंत्रण हासिल करना चाहता है। आमतौर पर, इसमें गैसलाइटिंग, निष्क्रिय आक्रामकता और नाम-पुकारने जैसा भावनात्मक शोषण शामिल होता है। 2013 के एक अध्ययन में पाया गया कि भावनात्मक शोषण शारीरिक शोषण जितना ही नुकसान पहुंचा सकता है, जिससे अवसाद और खराब आत्म-छवि हो सकती है। दुर्भाग्य से, रिश्तों में अक्सर भावनात्मक शोषण होता है, 47% महिलाएं और लगभग 47% पुरुष किसी न किसी बिंदु पर इसका अनुभव करते हैं।

## भावनात्मक हेरफेर को प्रकट करने वाले संकेत

### 1. बौद्धिक बदमाशी

कुछ भावनात्मक जोड़-तोड़ करने वाले बौद्धिक बदमाशी के माध्यम से आप पर अधिकार जमाने का प्रयास करेंगे। मूल रूप से, इसका मतलब यह है कि वे आपको भ्रमित करने या

अभिभूत करने के लिए आप पर तथ्यों और ज्ञान की बौछार करते हैं। जब आप कमज़ोर स्थिति में होते हैं, तो आपको नियंत्रित करना बहुत आसान हो जाता है। कई आत्ममुग्ध लोग इस युक्ति का उपयोग करते हैं, और आपसे कुछ विषयों के बारे में पूछताछ भी कर सकते हैं। वे यह जानने की कोशिश कर रहे होते हैं कि आप कितना जानते हैं, साथ ही यह देखने के लिए कि आप उनके मुकाबले कितना आगे हैं।

## 2. भावनात्मक अमान्यता

भावनात्मक हेरफेर भी अमान्यता का रूप ले सकती है, जहां व्यक्ति आपकी भावनाओं या अनुभवों को कम करने की कोशिश करता है। उदाहरण के लिए, यदि आप यह समझा रहे हैं कि आप काम के दौरान कैसे गिर गए और वे तुरंत अपना ध्यान खुद पर केंद्रित कर देते हैं, तो वे आपको हेरफेर करने की कोशिश कर रहे हैं। यह पहली बार में निर्दोष लग सकता है, लेकिन अंतत: उनके इरादे स्पष्ट हो जाएंगे।

जो लोग आपके मुद्दों की तुलना अपने मुद्दों से करते हैं, वे सहानुभूति तो बटोरना चाहते हैं, लेकिन दिखा नहीं पाते। उन लोगों से दूर रहना सबसे अच्छा है जो आपकी समस्याओं को अमान्य करते हैं, खासकर यदि वे आपकी भलाई की परवाह करने का दावा करते हैं। यदि उन्होंने ऐसा किया, तो वे इसे अपने कार्यों के माध्यम से दिखाएंगे।

## 3. गैसलाइटिंग और पीड़ित की भूमिका निभाना

यदि कोई व्यक्ति आप पर **गैसलाइटिंग** का प्रयोग करता है, तो यह एक स्पष्ट संकेत है कि वह भावनात्मक हेरफेर में संलग्न है। गैसलाइटिंग में कहानियों को तोड़-मरोड़कर या झूठी कहानियाँ बनाकर पीड़ित को अपनी विवेकशीलता पर सवाल उठाना शामिल है। बेशक, नियंत्रण बनाए रखने के लिए वे चाहते हैं कि आप पागलपन महसूस करें। वे रिश्ते में किसी भी समस्या के लिए जवाबदेही नहीं बनना चाहते हैं, जो भी गलत होता है उसके लिए आपको दोषी ठहराते हैं।

यदि आप कोई चिंता व्यक्त करते हैं, तो वे तुरंत आपकी भावनाओं को कम कर देंगे या अपने गलत काम से इनकार भी कर देंगे। वे चाहते हैं कि आप सभी गलतियों के लिए स्वयं को ज़िम्मेदार महसूस करें, चाहे वह आपने की भी न हो, जिससे आपका आत्मसम्मान और भी कम हो जाए। आप अपने मन में जानते हैं कि कभी - कभी किसी रिश्ते में कब कुछ गलत होने लगता है, इसलिए कृपया इस हेरफेर तकनीक के चक्कर में न पड़ें।

## 4. भावनात्मक हेरफेर और शर्मिंदगी

भावनात्मक जोड़-तोड़ करने वाले चाहते हैं कि आप स्वयं को दोषी और शर्मनाक महसूस करें ताकि वे आपकी भावनाओं पर अधिकार कर सकें। जब वे जानते हैं कि वे आपसे आगे नहीं बढ़ सकते हैं, तो यह एक लत बन जाती है। वे हमेशा और अधिक की चाहत रखेंगे क्योंकि उन्हें आपको परेशान देखकर आनंद आता है। किसी भी ऊर्जा पिशाच की तरह, वे नकारात्मक भावनात्मक प्रतिक्रियाओं और करुणा वाले लोगों से पनपते हैं। भावनात्मक जोड़-तोड़ करने वाले आमतौर पर सहानुभूतिपूर्ण पीड़ितों को निशाना बनाते हैं क्योंकि वे दूसरों में सकारात्मकता देखते हैं। इस तरह जब हेराफेरी शुरू होती है तो वे चकित रह जाते हैं क्योंकि उन्होंने इसे कभी होते नहीं देखा।

जोड़-तोड़ करने वाला यह कहकर आपको शर्मिंदा कर सकता है कि उन्होंने आपके लिए जो कुछ भी किया है उसके लिए आप कृतघ्न हैं। वे चाहते हैं कि आप किसी भी तरह से उनके प्रति बाध्य महसूस करें, लेकिन वास्तव में इस विषाक्त रिश्ते को छोड़ने की स्वतंत्रता केवल आपके ऊपर है।

## 5. झूठ बोलना

हालांकि  सफेद झूठ हमेशा भावनात्मक हेरफेर की ओर इशारा नहीं करता है, लेकिन जब ऐसा बार-बार होता है तो यह एक खतरे का संकेत है। व्यक्ति किसी ऐसी बात को छिपाने के लिए झूठ बोल सकता है जिसके बारे में उसे शर्म आती है, जैसे कि धोखा देना। और यदि वे हर बात पर झूठ बोलने वाले व्यक्ति हैं, तो उन्होंने अपनी आदत से तो तथ्यों को अलंकृत करके या अस्वीकार करके कहानियां बनाना सीख लिया है। किसी भी तरह के रिश्तों में महत्वपूर्ण चीजों के बारे में झूठ बोलना, समय के साथ लोगों के बीच दरार पैदा कर सकता है।

विश्वास एक स्वस्थ रिश्ते की नींव बनता है, और एक बार जब झूठ अपनी जगह बनाना शुरू कर देता है, तो यह टूटना शुरू हो जाता है। निश्चित रूप से, आप एक या दो झूठ के बाद चीजों को सुधार सकते हैं, लेकिन कुछ बिंदुओं पर भरोसा पूरी तरह से गायब हो जाता है। बस याद रखें, अगर कोई आपसे सच्चा प्यार करता है और आपकी परवाह करता है तो वह आपको सच बताएगा, चोहे इससे कितना भी दुख न हो। वह रहस्यों से भरा दिल लेकर घूमने की बजाय साफ़-सुथरे भाव लेकर आना पसंद करेगा।

 

# 6. अल्टीमेटम का उपयोग करना

भावनात्मक हेरफेर के एक अन्य सामान्य रूप में किसी को अल्टीमेटम देना शामिल है। जोड़-तोड़ करने वाला आपकी कमजोरियों का पता लगाने के लिए ऐसा करता है ताकि वह जो चाहता है उसे प्राप्त कर सके। उदाहरण के लिए, आपका साथी कह सकता है कि यदि आप गर्ल नाइट के लिए बाहर जाएंगे तो वे आपसे संबंध तोड़ लेंगे। यह न केवल एक नियंत्रित भागीदारी की ओर इशारा करता है, बल्कि यह भी दर्शाता है कि उनमें गहरी असुरक्षाएं हैं। शायद वे यह कहते हुए वित्तीय सहायता भी मांग सकते हैं कि "यदि आप मुझसे प्यार करते हैं, तो आप मेरे लिए यह करेंगे और मुझे इतना देंगे।" बेशक, जो व्यक्ति अल्टीमेटम का उपयोग करता है उसके दिल में आपके लिए हित नहीं होते हैं।

# 7. मौन उपचार देना

एक सामान्य निष्क्रिय आक्रामक व्यवहार, मौन उपचार का उपयोग किसी रिश्ते में नियंत्रण हासिल करने के लिए किया जाता है। भावनात्मक हेरफेर का यह रूप किसी तर्क या असहमति के बाद हो सकता है, खासकर अगर कोई व्यक्ति किसी को अनसुना करना चाहते हो। ऐसे लोग आपसे संवाद करने से इनकार करके सारा ध्यान अपनी ओर लगाना चाहते हैं और सहानुभूति प्राप्त करना चाहते हैं।

जोड़-तोड़ करने वाला अनुमान लगाता है कि थोड़ी देर के बाद, आप रेंगते हुए उसके पास वापस आएंगे और अपने व्यवहार के लिए माफी मांगेंगे। वे चाहते हैं कि आप गलती के लिए स्वयं को ज़िम्मेदार महसूस करें, भले ही तर्क के अनुसार उनकी गलती हो। अंतत: आप उनके बारे में चिंतित महसूस हो सकते हैं और चुप्पी तोड़ने का निर्णय ले सकते हैं। बेशक, उन्होंने हमेशा यही योजना बनाई थी, ताकि आप अंतर्निहित मुद्दों को भूल जाएं और अपनी गलती स्वीकार कर लें। यदि आप किसी ऐसे व्यक्ति के साथ रिश्ते में हैं जो अक्सर मौन व्यवहार अपनाता है, तो उन्हें बताएं कि यह आपको परेशान करता है। रिश्ते दो-तरफा सड़क हैं और दोनों लोगों से सक्रिय संचार की आवश्यकता होती है।

## भावनात्मक हेरफेर से खुद को बचाने के तरीके

# 1. उनके जाल में मत फंसो

जो लोग दूसरों की भावनाओं के साथ खिलवाड़ करके आनंद लेते हैं, वे वास्तव में आपकी आड़ में भ्रम, दोषारोपण और पूछताछ जैसी किसी भी तरह की रणनीति का उपयोग करेंगे। यदि आपको अक्सर

इस प्रकार के लोगों से निपटना पड़ता है, जैसे कि आपके कार्यस्थल में, तो उन्हें अनदेखा करें या जुझारू रवैये के साथ उनसे मिलने के बजाय कुछ अच्छा कहकर उन्हें आश्चर्यचकित करें। भावनात्मक जोड़-तोड़ करने वाले आप पर हावी होने की कोशिश करते हैं, इसलिए सुनिश्चित करें कि आप उन्हें वह न दें जो वे चाहते हैं - कई असफल प्रयासों के बाद, वे आपको अकेला छोड़ना शुरू कर सकते हैं।

## 2. बातचीत के दौरान वे जो कहते हैं उसे लिखना शुरू करें

हालांकि यह थोड़ा ज्यादा लग सकता है, भावनात्मक जोड़-तोड़ करने वालों की आदत होती है कि वे आपको बुरे आदमी की तरह दिखाते हैं, और किसी भी एजेंडे में फिट होने के लिए अपने शब्दों को तोड़-मरोड़ कर पेश करते हैं। आप वास्तव में कभी-कभी यह विश्वास करना शुरू कर सकते हैं कि आपने कुछ गलत किया है जबकि वास्तव में, आप उनकी भयानक योजना का शिकार हो गए हैं। यह सुनिश्चित करने के लिए कि आप वास्तव में उन्हें दिखा सकें कि उन्होंने पिछली बातचीत में क्या कहा था, अपने व्यवहार को सही ठहराने के लिए जो भी विवरण आपको लगता है कि वे बाद में आसानी से बदल सकते हैं, उनसे लिखित में लें। वे आपको यह समझाने की कोशिश भी कर सकते हैं कि उन्होंने कभी कोई खास बात नहीं कही, लेकिन आप वास्तव में आपके द्वारा लिखे गए नोट्स के साथ यह साबित कर सकते हैं कि उन्होंने ऐसा कहा था। अपने आपको उनके क्रोध से बचाने के बारे में होशियार रहें, और वे जल्द ही आपको अपने भावनात्मक खिलौने के रूप में उपयोग करने से हतोत्साहित हो सकते हैं।

## 3. जब भी संभव हो दूरी बनाएं

जब आप लोगों से पहली बार मिलें तो उनकी ऊर्जा को पढ़ने की पूरी कोशिश करें। यदि आपको उनसे अच्छा एहसास नहीं मिलता है, तो बस अपने मन पर भरोसा रखें और जब संभव हो तो उनसे दूर रहने के लिए एक समझौता करें। एक भावनात्मक जोड़-तोड़ कर्ता के रूप में एक ही स्थान पर काम करना थोड़ा मुश्किल हो सकता है, लेकिन जितना संभव हो सके उस व्यक्ति के साथ अपनी बातचीत को सीमित करने का लक्ष्य रखें। ऐसा करके आप अपनी बहुत सारी ऊर्जा और विवेक बचाएंगे।

## 4. उनके व्यवहार के बारे में उन्हें बताएं

ये लोग शायद लंबे समय से दूसरों पर हावी रहे हैं और कभी उनका सामना नहीं किया गया। लेकिन आप अपने लिए खड़े हों और उन्हें बताएं कि वे आपको असहज महसूस कराते हैं और

आपका फायदा उठाते हैं। भले ही वे अपने व्यवहार से इनकार करते हैं या इसे आप पर उल्टा थोपने की कोशिश करते हैं, कम से कम आप यह जानकर निश्चिंत हो सकते हैं कि आपने वास्तव में अपना बचाव किया और सच्चाई के लिए खड़े हुए। हो सकता है कि यदि आपने उन्हें परेशान किया तो वे अपना सुर बदलना शुरू कर देंगे; आखिरकार, एक बार जब वे सभी को डरा देंगे, तो फिर उनके पास हेरफेर करने वाला कोई नहीं होगा।

## 5. भावनात्मक लगाव से बचें

कहना जितना आसान है, करना उतना ही कठिन, खासकर अगर वे तुरंत अपना असली रंग नहीं दिखाते हैं। उनके पहले संकेत पर ध्यान दें कि वे आपकी भावनाओं को पूरी तरह से प्रभावित कर रहे हैं, धीरे-धीरे रिश्ते से दूर हो जाएं और उन्हें अपनी सीमाएं बताना सुनिश्चित करें। भावनात्मक जोड़-तोड़ करने वाले लगातार अपने अगले शिकार की तलाश में रहते हैं, लेकिन अगर आपने शुरुआत में रिश्ते में बहुत अधिक निवेश नहीं किया है तो उससे अलग होना बहुत आसान है। यदि आपको उनसे बात करनी ही है, तो सौहार्दपूर्ण, नागरिक संबंध बनाए रखें, लेकिन यदि आप अपनी भावनात्मक भलाई को महत्व देते हैं तो इसे इससे आगे न जाने दें।

## 6. बार-बार ध्यान करें

अपनी शारीरिक क्षमता को उच्च बनाए रखने के लिए, आपको मन को शांत करना होगा, गहरी सांस लेनी होगी और खुद को पर्याप्त रूप से संभालने के लिए उच्च लोगों के संपर्क में रहना होगा। यह आपको भावनात्मक जोड़-तोड़ करने वालों से बेहतर ढंग से निपटने में मदद करेगा क्योंकि आपके चारों ओर कितनी भी अराजकता क्यों न हो, आपको आंतरिक शांति मिलेगी। प्रेम, कृपा, ध्यान, विशेष रूप से, आपको इस व्यक्ति के लिए करुणा पैदा करने की अनुमति देगा और शायद आपकी आंखें खोल देगा कि वे अपने जीवन में क्या कर रहे हैं। शत्रुता का सामना प्यार और समझदारी से करें, और आप कुछ समय बाद उन्हें एक नए व्यक्ति में बदलते हुए देख सकते हैं।

## 7. उन्हें प्रेरित करें

'परिवर्तन होना' महत्वपूर्ण है और इस उदाहरण में, यह अनजाने में आपकी रक्षा करेगा क्योंकि वे आपके स्वयं के गैर-जोड़-तोड़, सकारात्मक कार्यों से प्रेरित होने के बाद ऐसी नकारात्मक वाइब्स का उत्सर्जन नहीं करेंगे। ध्यान के लाभों को सामने लाएं, अपने जीवन की

जिम्मेदारी लें, अपने सच्चे जुनून का पालन करें, स्वयं सेवा करें, स्वच्छ एवं ताजा आहार लें और व्यायाम करें। स्वयं को सर्वश्रेष्ठ बनाने के लिए जो भी ज्ञान आपने प्राप्त किया है, उसका उपयोग उन्हें भी सर्वश्रेष्ठ बनाने के लिए करें।

## 8. उन्हें बताएं 'आप सही हैं'

अहंकारी के लिए यह सुनना कि आप सही हैं, जितना कठिन हो सकता है, आपकी आत्मा आपको तालियों की उतनी ही गड़गड़ाहट देगी और संभवत: खड़े होकर अभिनंदन भी करेगी। अत: आपको अपनी बात रखनी चाहिए और सामने वाले की भी सुननी चाहिए। भावनात्मक जोड़-तोड़ करने वाले नाटक पर विश्वास करते हैं, जल्दी ही उनके भ्रम की आग बुझ जाएगी। केवल अपने मन की शांति बनाए रखने के लिए, उन्हें बहस में जीतने दें। आप अच्छे से जानते हैं कि उनका व्यवहार और आरोप गलत थे, वास्तव में वे गलत हैं इसलिए उन्हें बाद में उस कर्म के फल से वैसे भी निपटना होगा।

## 9. हानिकारक रिश्तों को छोड़ें

यदि आप अपने प्रेमी, प्रेमिका या जीवनसाथी में शारीरिक उपभोग अथवा निजी स्वार्थपरता का व्यवहार देखते हैं, तो आपको अपनी भलाई के लिए उस रिश्ते को पीछे छोड़ देना चाहिए। आप किसी व्यक्ति को बदलने के लिए बाध्य नहीं कर सकते, भले ही आपने कितनी ही बार उसके अस्थिर व्यवहार का मुद्दा उठाया हो। आप किसी ऐसे व्यक्ति के लायक हैं जो आपकी भावनाओं का पोषण और संतुलन करेगा, न कि किसी ऐसे व्यक्ति का जो आपको अपने निजी आनंद के लिए उपयोग करना चाहता है।

## 10. मजबूत मानसिकता विकसित करें

उनके अपमान या आक्रोश को कभी भी अपने दिमाग में न आने दें; उन पर हँसें या उनसे सहमत हुए बिना सिर्फ उनके विचारों का मनोरंजन करें। यदि आप जानते हैं कि आप किस तरह के व्यक्ति हैं और आपके अंदर आत्म-सम्मान की गहरी भावना है, तो उनकी कही कोई भी बात आपको कभी निराश नहीं करेगी।

## 11. स्वयं को सकारात्मक रखें

एक भावनात्मक जोड़-तोड़ करने वाला आपके उत्साहपूर्ण मूड को पूरी तरह से खराब कर सकता है, इसलिए सुनिश्चित करें कि आप दिन के दौरान उत्साहवर्धक पुष्टि और संदेशों के

साथ खुद को बहाल करें। वे आपके मूड को खराब होता देखकर रोमांचित होते हैं, इसलिए जब वे आपको अपनी कठोर टिप्पणियों से अप्रभावित देखते हैं, तो उनके पास आपको और अधिक पीड़ा देने का कोई कारण नहीं होगा। सदैव सकारात्मक सोचें।

दुर्भाग्य से, स्कूलों, कार्यस्थलों और रिश्तों में भावनात्मक हेरफेर अक्सर होता है। हममें से कई लोगों ने संभवत: बिना इसका एहसास किए भी लोगों के साथ छेड़छाड़ की है, क्योंकि कोई भी व्यक्ति पूर्ण नहीं होता है। हालांकि, जब कोई जानबूझकर दूसरों से कुछ पाने के लक्ष्य से उन्हें धोखा देता है, तो यह दुरुपयोग का एक रूप बन जाता है। दैनिक जीवन में, अपने आप को नकारात्मक लोगों से बचाना और ऐसे किसी भी व्यक्ति से दूर रहना महत्वपूर्ण है जो आपके हितों को प्राथमिकता नहीं देता।

भावनात्मक जोड़-तोड़ करने वाले आमतौर पर खुद को बहुत कुछ आत्ममुग्ध लोगों की तरह प्रकट करते हैं, झूठ बोलकर, गैसलाइटिंग करके, आपकी भावनाओं को अमान्य करके, या आपको शर्मिंदा करके। इन युक्तियों के झांसे में न आएं, क्योंकि वे केवल दूसरों पर दबाव डालकर ही शक्ति प्राप्त कर सकते हैं।

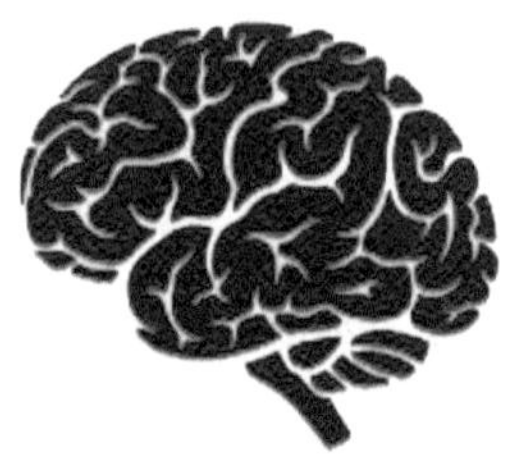

# अनुनय

अनुनय, एक ऐसी प्रक्रिया है जिसके द्वारा किसी व्यक्ति का दृष्टिकोण या व्यवहार बिना किसी दबाव के अन्य लोगो के संचार से प्रभावित होता है। यह जबरदस्ती से अलग है, यह अपने दर्शकों को प्रेरित करने या बदलने के लिए तर्क प्रस्तुत करने का एक तर्क या प्रक्रिया है। अनुनय संचार का जानबूझकर किया गया कार्य है जिसका उद्देश्य प्राप्तकर्ता के दृष्टिकोण या व्यवहार को बदलना है। यह एक विपणन तकनीक है जिसका उपयोग कंपनियों द्वारा ग्राहकों को कंपनी के पक्ष में करने के लिए, प्रोत्साहित करने के लिए किया जाता है। हालांकि, अनुनय का उपयोग सावधानीपूर्वक किया जाना चाहिए, प्रभावित चीजें एवं कमजोर समूहों को बाहर नहीं करना चाहिए या उनके साथ भेदभाव नहीं करना चाहिए, किसी का भी कोई नुकसान नहीं होना चाहिए।

## अनुनय के सिद्धांत

निर्णय लेते समय, हमें ऐसा लगता है कि लोग निर्णय लेने से पहले सभी उपलब्ध जानकारियों पर विचार करते हैं। लेकिन हकीकत अक्सर अलग होती है। हम जिस तेजी से व्यस्त जीवन जी

रहे हैं, उसमें हमें निर्णय लेने के मार्गदर्शन के लिए पहले से कहीं अधिक शॉर्टकट या सामान्य नियमों की आवश्यकता होती है।

## पारस्परिक

मनुष्य के रूप में, हम दूसरों के लिए तब कुछ करते है जब उन्होंने हमारे लिए कुछ किया होता है। यदि आपने पहले ही किसी मित्र के लिए कोई उपकार किया है तो आप उसे अपने लिए कोई उपकार करने के लिए आसानी से मना सकते हैं। व्यावसायिक संदर्भ में, पारस्परिकता का मतलब आपकी खरीदारी पर छूट प्राप्त करने के लिए अपना ईमेल पता प्रदान करने के लिए तैयार होना हो सकता है।

## कमी

यदि आप आश्वस्त हैं कि आप किसी चीज़ तक पहुंच खो देंगे, या यह कि वहां घूमने के लिए पर्याप्त सामग्री नहीं है, तो आपको अपना व्यवहार बदलने के लिए प्रेरित किया जा सकता है। आप इस सिद्धांत को तब क्रियान्वित होते हुए देख सकते हैं जब कोई एयरलाइन आपको सचेत करती है कि जिस उड़ान पर आप विचार कर रहे हैं उसमें केवल कुछ ही सीटें बची हैं।

## अधिकार

यदि आप मानते हैं कि किसी व्यक्ति के पास विशेष ज्ञान है, वह विशेषज्ञ है, तो आपको उनके संदेश से सहमत होने की अधिक संभावना हो सकती है, जैसे एक विज्ञापनदाता या राजनीतिक उम्मीदवार अपने तर्क का समर्थन करने के लिए किसी चिकित्सक, इतिहासकार या वैज्ञानिक जैसे किसी व्यक्ति का उपयोग कर सकता है।

## प्रतिबद्धता

लोगों में अपने व्यवहार को जारी रखने या अपने द्वारा लिए गए निर्णय पर कायम रखने की प्रवृत्ति होती है। जो अपनी बात के प्रति जितना अधिक प्रतिबद्ध होगा, सामने वाले को उतना ही प्रभावित करने की सामर्थ्य रखता है। प्रतिबद्धता दूसरों को प्रभावित करने वाला एक उत्तम सिद्धांत है। जो जितना अधिक प्रतिबद्ध होगा, सामने वाले को उतना ही प्रभावित करने की सामर्थ्य रखता है। एक व्यक्ति की अपेक्षा यदि समूह या संगठन प्रतिबद्ध अर्थात दृढ़ संकल्पित हो तो परिणाम और भी अच्छे हो सकते हैं।

जो अपनी बात के प्रति जितना अधिक प्रतिबद्ध होगा, सामने वाले को उतना ही प्रभावित करने की सामर्थ्य रखता है।

## सामाजिक प्रमाण

यह 'संख्या में सुरक्षा' सिद्धांत है। यदि हम देखते हैं कि हमारे दोस्तों या साथियों ने खरीदारी की है, किसी राजनीतिक उम्मीदवार का समर्थन किया है, या अन्यथा किसी प्रेरक संदेश से सहमत हुए हैं, तो हमारे भी इससे सहमत होने की अधिक संभावना हो सकती है।

## पसंद

यदि आप उस व्यक्ति (यहां तक कि व्यवसाय, राजनीतिक दल, या सरकारी एजेंसी) को जानते हैं और पसंद करते हैं जो आपको किसी बात के लिए मनाने की कोशिश कर रहा है, तो आप उनके तर्क से सहमत होने के लिए कम समय में अधिक इच्छुक होंगे। यह 'सामाजिक प्रमाण' सिद्धांत के समान है, लेकिन रिश्ते की गुणवत्ता के बारे में अधिक है, जहां सामाजिक प्रमाण मात्रा के बारे में हैं।

# अनुनय के लक्षण

राजनीतिक अभियान, जनसंचार माध्यम, सोशल मीडिया और विज्ञापन सभी हमें प्रभावित करने के लिए अनुनय की शक्ति का उपयोग करते हैं। कभी-कभी हम यह विश्वास करना पसंद करते हैं कि हम अनुनय के प्रति प्रतिरक्षित हैं, कि हम बिक्री पिच को देख सकते हैं, किसी भी स्थिति में सच्चाई को समझ सकते हैं, और अपने दम पर निष्कर्ष पर पहुंच सकते हैं।

यह कुछ परिदृश्यों में सच हो सकता है, जब अनुनय का प्रयास स्पष्ट होता है: आप जानते हैं कि एक विक्रेता का काम आपको कुछ बेचना है, और एक अभियान विज्ञापन आपको एक उम्मीदवार को वोट देने के लिए प्रेरित करने के लिए डिज़ाइन किया गया है। किसी सोशल मीडिया प्रभावशाली व्यक्ति की प्रायोजित सामग्री को स्पष्ट रूप से इस तरह लेबल किया जा सकता है। लेकिन प्रेरक संदेश सूक्ष्म भी हो सकते हैं। आपको मनाने के प्रयास की पहचान करने के लिए अनुनय के छह सिद्धांतों के तत्वों की तलाश करें। इसका मतलब 'सीमित उपलब्धता' (कमी), 'डॉक्टर कहते हैं' (प्राधिकरण), या 'ग्राहक सहमत हैं' (सामाजिक प्रमाण) जैसे वाक्यांश हो सकते हैं।

 द डार्क साइड ऑफ़ ह्यूमन साइकोलॉजी

## उपयोग

विज्ञापन जो दर्शकों को किसी विशेष उत्पाद को खरीदने के लिए प्रेरित करते हैं, अनुनय का एक रूप है। इसी तरह राजनीतिक बहसें भी होती हैं, जहां उम्मीदवार मतदाताओं को अपने पक्ष में करने की कोशिश करते हैं। अनुनय दैनिक जीवन में एक शक्तिशाली युक्ति है और इसका समाज पर बड़ा प्रभाव पड़ता है।

अनुनय के नकारात्मक उदाहरण अक्सर दिमाग में आते हैं - जैसे कि एक विज्ञापन में आपको कुछ ऐसी चीज़ खरीदने के लिए प्रेरित किया जाता है जिसकी आपको आवश्यकता नहीं है, साथियों का दबाव जिसके कारण आप गलत निर्णय ले पाते हैं, या यहां तक कि जानबूझकर गलत सूचना दी जाती है। लेकिन अनुनय का उपयोग सकारात्मक तरीके से भी किया जा सकता है: सार्वजनिक सेवा या स्वास्थ्य अभियानों के बारे में सोचें जो लोगों को अपने और अपने समुदाय की सुरक्षा में मदद करने के लिए रीसाइक्लिंग, धूम्रपान छोड़ने या सामाजिक दूरी का अभ्यास करने का आग्रह करते हैं।

अनुनय और प्रेरक तकनीकों के बारे में जानकारी होने से आपको अनुनय को पहचानने और उस पर प्रतिक्रिया देने में मदद मिल सकती है। इसका उपयोग आपको दूसरों के व्यवहार को प्रभावित करने में भी मदद कर सकता है।

जानकारी का सावधानीपूर्वक मूल्यांकन करें, जब आप कोई निर्णय लेने का प्रयास कर रहे हों (किसी बड़ी चीज़ के बारे में, जैसे कि किसे वोट देना है, या छोटी चीज़ के बारे में, जैसे कौन सी फ़िल्म देखनी है), तो बुद्धिमानी पूर्ण विकल्प चुनने में मदद के लिए जानकारी इकट्ठा करें। लेकिन उस जानकारी के बारे में विचारशील रहें और संदेहपूर्ण भी रहें कि इसे कौन प्रदान कर रहा है और उनकी प्रेरणा क्या है? क्या उन्हें आपकी पसंद से किसी तरह का लाभ होने वाला है? सुनिश्चित करें कि आप अपने स्रोतों पर भरोसा करते हैं।

## अनुनय का विरोध कैसे करें?

प्रेरक तकनीकों और चुनाव करने के लिए उपयोग की जाने वाली जानकारी की विश्वसनीयता के बारे में जागरूक होने से आपको अनुनय का विरोध करने में मदद मिल सकती है। अपना मन बदलने के लिए तैयार रहना भी महत्वपूर्ण है। डूबी हुई लागतों का बोझ महसूस करना - या यह धारणा कि आप पहले से ही किसी निर्णय में बहुत अधिक निवेश कर चुके हैं, जिससे आप पीछे हटने में सक्षम नहीं हैं- आपको अपने बेहतर निर्णय के खिलाफ जाने के लिए प्रेरित कर

सकता है।

जो लोग आवेगी होते हैं वे दूसरों की तुलना में अनुनय के प्रति अधिक संवेदनशील हो सकते हैं। इसी तरह, जिन लोगों में आत्म-नियंत्रण की कमी होती है, वे भी अनुनय-विनय के प्रति संवेदनशील होते हैं। इसलिए अपने आत्म-नियंत्रण को बेहतर बनाने के लिए कदम उठाने से आपको अनुनय का विरोध करने में मदद मिल सकती है।

आप अनुनय के अपने ज्ञान का उपयोग दूसरों को अपने दृष्टिकोण के अनुरूप बनाने के लिए कर सकते हैं। उदाहरण के लिए, यदि आप चाहते हैं कि आपका साथी आपके साथ एक नए रेस्तरां में जाए, तो आप उन्हें याद दिला सकते हैं कि जिस मित्र की राय पर उन्हें भरोसा है, उन्होंने उस स्थान की सिफारिश की है (पसंद), कि उसे अन्य भोजनकर्ताओं से दर्जनों सकारात्मक समीक्षाएँ मिली हैं (सामाजिक प्रमाण), या कि उन्होंने पिछली बार (पारस्परिकता) रेस्तरां चुना था।

आपके दर्शकों (इस मामले में, आपका साथी) के बारे में आपका ज्ञान और समझ आपको यह तय करने में मदद कर सकती है कि कौन सी प्रेरक तकनीक सबसे अधिक प्रभावी होगी। उदाहरण के लिए, हो सकता है कि आपके साथी को इस बात की परवाह न हो कि भोजन करने वाले अन्य लोग क्या सोचते हैं, लेकिन उन्हें किसी असामान्य चीज़ को चूक जाने से नफरत है। उस स्थिति में, आप कमी की रणनीति आज़मा सकते हैं: "यह विशेष व्यंजन केवल रविवार को और केवल पहले दस भोजनकर्ताओं के लिए उपलब्ध है।"

शोध से पता चलता है कि अपनी आवाज़ के लहजे के माध्यम से आत्मविश्वास प्रदर्शित करना, आपको अधिक प्रेरक बनाता है। भले ही आप अपने तर्क में आश्वस्त महसूस न करें, ऐसा लगता है जैसे आप आश्वस्त हैं, इससे आपको सफल होने में मदद मिलती है।

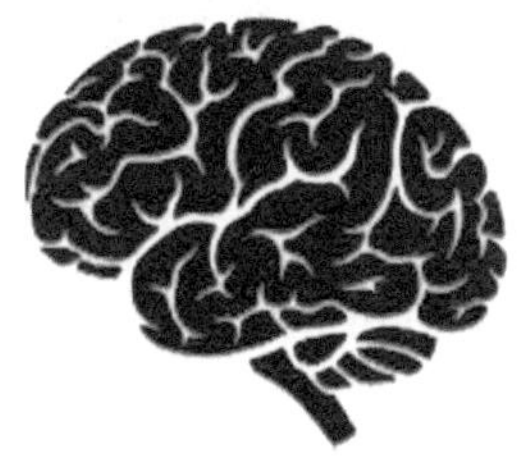

# अनुनय के तरीके

दो हज़ार साल पहले, एक प्रसिद्ध यूनानी शिक्षक, अरस्तू ने अपने छात्रों को सिखाया था कि अपने दर्शकों को किसी चीज़ के बारे में आश्वस्त करने के तीन बुनियादी तरीके हैं, आज भी हम इन अवधारणाओं का उपयोग करते हैं। आप अक्सर लोकाचार, करुणा और लोगों को अनुनय के तीन तरीकों के रूप में संदर्भित करते हुए सुनेंगे।

अनुनय के ये तरीके संभवत: आपके लिए स्वाभाविक रूप से आएंगे, लेकिन अपने दर्शकों के लिए सबसे अधिक आश्वस्त होने के बारे में मजबूत जागरूकता होने से आपको तर्कपूर्ण निबंध लिखने में मदद मिलेगी।

## प्रकृति

लोकाचार एक लेखक के रूप में अपने दर्शकों को अपनी विश्वसनीयता के बारे में आश्वस्त करने का एक तरीका है। एक तरह से कुछ विश्वसनीयता अंतर्निहित हो सकती है। विषय के संबंध

में शिक्षा का स्तर कुछ अंतर्निहित लोकाचार प्रदान कर सकता है। उदाहरण के लिए, अगर प्रोफेसर क्वांटम भौतिकी पर एक पेपर लिखने की कोशिश कर रहे थे तो उनके पास मजबूत, अंतर्निहित लोकाचार होगा। वहीं यदि एक मनोविज्ञान प्रोफेसर खाने के मनोविज्ञान विकारों के बारे में एक निबंध लिख रहे थे, तो उनकी शैक्षिक पृष्ठभूमि कोई अंतर्निहित लोकाचार प्रदान नहीं करेगी।

यदि आपके पास कोई अंतर्निहित लोकाचार या विश्वसनीयता नहीं है तो आपको चिंता करने की आवश्यकता नहीं है। जब आप लिखते हैं तो आप किस प्रकार का लोकाचार या विश्वसनीयता स्थापित करने के लिए काम करते हैं। भावना और तर्क का जिम्मेदारीपूर्वक उपयोग करके, आप अपने लोकाचार का निर्माण कर सकते हैं। आप विश्वसनीय स्रोतों का उपयोग करके भी अपना लोकाचार बना सकते हैं। जब आप अपने लेखन में विशेषज्ञ अनुसंधान और राय का उपयोग करते हैं, तो आप अपना खुद का निर्माण करने के लिए विशेषज्ञ लोकाचार का उपयोग कर सकते हैं।

## हौसला

सबसे सरल शब्दों में, करुणा हमारी मानवीय भावनाओं की अपील है। हम अक्सर तर्क या सामान्य ज्ञान की तुलना में अपनी भावनाओं से प्रेरित होते हैं, इसलिए करुणा अनुनय का एक शक्तिशाली तरीका है। एक लेखक के रूप में आपका काम दर्शकों को अपने विषय से जुड़ाव महसूस कराना है। यहीं पर पाथोस मदद कर सकता है। मानवीय भावनाओं के व्यापक स्पेक्ट्रम के बारे में सोचें- उदासी, हास्य, दया, सहानुभूति, क्रोध, आक्रोश; ये सभी चीजें हैं जो हमें प्रेरित करती हैं। पाथोस लेखकों को दर्शकों को संदेश में भावनात्मक रूप से शामिल करने के लिए एक उपकरण प्रदान करता है।

पाथोस अनुनय का एक शक्तिशाली साधन है। लेकिन आपको पाथोस से बहुत सावधान रहना चाहिए। अकादमिक समुदाय में तीन नैतिक अपीलों में से पाथोस को आम तौर पर सबसे कम सम्मान दिया जाता है। अध्ययन के कई क्षेत्रों में, भावना एक ऐसी चीज़ है जिसे पूरी तरह से छोड़ दिया जाना चाहिए। अधिकांश समय, सबसे अच्छी सलाह यह है कि पाथोस से सावधान रहें और उसका बुद्धिमानी से उपयोग करें। पाथोस का दुरुपयोग आपके लोकाचार या विश्वसनीयता को नकारात्मक रूप से प्रभावित कर सकता है।

## लोग

लोगो हमारे तार्किक पक्ष की अपील है। लोगो उन तथ्यों के बारे में है जिन्हें हम अपने लेखन में प्रस्तुत करते हैं और जिस तार्किक तरीके से हम अपने विचारों को प्रस्तुत करते हैं। मजबूत

लोगो का होना, एक महत्वपूर्ण तरीका है जिससे हम निबंध के भीतर अपने लोकाचार का निर्माण कर सकते हैं। उदाहरण के लिए, यदि आप **मध्यकालीन समय में प्लेग** पर एक शोध पत्र लिख रहे हैं, तो आप ढेर सारा शोध एकत्र करना चाहेंगे और फिर उस शोध को एक संगठित और प्रभावी तरीके से शामिल करना चाहेंगे। आपको यह भी सुनिश्चित करना चाहिए कि आपकी बातें या तर्क तार्किक प्रकृति के हों और आपको दोषपूर्ण तर्क से बचना चाहिए।

लोकाचार, करुणा और लोगो सभी आपस में जुड़े हुए हैं। जब आप कोई तर्क लिखते हैं, तो आप यह सोचना चाहेंगे कि अनुनय के ये तरीके समग्र रूप से एक मजबूत तर्क बनाने के लिए एक साथ कैसे काम करते हैं।

## अनुनय के कुछ उदाहरण

दैनिक जीवन में, आपके सामने कई तरह की स्थितियाँ आ सकती हैं जहाँ आप दूसरों को मना लेते हैं या दूसरे आपको मना लेते हैं। नीचे कुछ सामान्य उदाहरण दिए गए हैं:

लिखित, दृश्य और मीडिया विज्ञापन विपणन पेशेवरों द्वारा ग्राहक के खरीद निर्णय को प्रभावित करने के लिए उपयोग किए जाने वाले प्रेरक तरीके हैं।

कैंसर जागरूकता, स्थिरता और टीकाकरण अभियान जैसे सामाजिक कारणों के लिए, बड़े पैमाने पर सक्रिय अभियानों में विविध दर्शकों को मनाने के लिए संगठित प्रयास शामिल हैं। प्रेरक उन विचारों और अवधारणाओं को सूक्ष्मता से बढ़ावा देने के लिए पोस्टर, वीडियो, सार्वजनिक प्रदर्शन, टेलीविजन विज्ञापन और पॉडकास्ट जैसे एक या अधिक प्रारूपों का उपयोग कर सकते हैं, जिनसे वे जुड़ते हैं।

प्रेरक वक्ताओं के भाषण, लेख और वीडियो कार्रवाई में उनके अनुनय कौशल के उदाहरण हैं।

सेल्सपर्सन संभावित ग्राहकों को अपने ब्रांड के वफादार संरक्षक में बदलने के लिए अपने अनुनय कौशल का उपयोग करते हैं।

शिक्षक, सलाहकार और परामर्शदाता छात्रों को अपने शैक्षणिक पाठ्यक्रम के साथ अच्छी तरह से जुड़ने और अच्छे करियर संबंधी निर्णय लेने के लिए प्रेरित करते हैं।

व्यवसाय के मालिक और शीर्ष अधिकारी अपने व्यावसायिक हितों की रक्षा के लिए व्यावसायिक सौदों और बातचीत के दौरान अनुनय का उपयोग कर सकते हैं।

टीम प्रबंधक अपनी टीम के सदस्यों को समय पर या उससे पहले काम पूरा करने हेतु प्रेरित करने के लिए अनुनय का उपयोग करते हैं।

## दूसरों को समझाने के लिए किन कौशलों की आवश्यकता है?

अनुनय कौशल एक प्राकृतिक प्रतिभा या व्यक्तित्व विशेषता हो सकती है। आप पर्याप्त अभ्यास और दृढ़ संकल्प के साथ इस कौशल को विकसित और निपुण भी कर सकते हैं। ये कौशल आपको कोई कार्य करने या किसी विचार पर विचार करने में मदद करते हैं। संगठन अक्सर उत्पाद बेचने, नए ग्राहक प्राप्त करने, नए कर्मचारियों की भर्ती करने और उत्पादकता बढ़ाने के लिए प्रेरक कौशल वाले लोगों को नियुक्त करते हैं। अपने कार्यस्थल पर मजबूत अनुनय कौशल वाला व्यक्ति सहकर्मियों को अपने काम में बेहतर प्रदर्शन करने और सफल होने के लिए प्रेरित कर सकता है। यहां कुछ महत्वपूर्ण कौशल दिए गए हैं जो आपको एक अच्छा प्रेरक बनने में मदद कर सकते हैं:

- संचार कौशल

- भावनात्मक बुद्धि

- सक्रिय श्रवण कौशल

- तार्किक तर्क क्षमता

- पारस्परिक कौशल

- बातचीत का कौशल

## अनुनय कौशल को कैसे सुधारें?

एक प्रभावी प्रेरक बनने के लिए, आप ऊपर उल्लिखित कौशल को बढ़ा सकते हैं और उसमें महारत हासिल कर सकते हैं। इसके लिए समय और अभ्यास की आवश्यकता हो सकती है। यहां कुछ तरीके दिए गए हैं जिनसे आप अपने अनुनय कौशल को बेहतर बना सकते हैं:

## 1. अपने संचार कौशल का विकास करें

नेक इरादे और आत्मविश्वास के साथ बोलने से आपको दूसरों को प्रभावी ढंग से समझाने में मदद मिल सकती है। भ्रम से बचने के लिए स्पष्ट रूप से बोलें और केवल गैर-मौखिक इशारों का उपयोग करें जिन्हें दूसरा व्यक्ति आसानी से समझ सके। ऐसी शब्दावली का प्रयोग

करें जो सरल और सकारात्मक हो। श्रोताओं को डराने के बजाय विश्वसनीयता बनाने पर ध्यान दें।

विचारों को साझा करते समय, आकर्षक रहें और ऐसे लहजे का उपयोग करें जो श्रोता को पसंद आए। अपने विचार की सकारात्मक विशेषताओं को सूचीबद्ध करें और उन्हें अपमानित होने से बचाएं। उदाहरण के लिए, यदि आप कोई उत्पाद बेच रहे हैं, तो इस बारे में विस्तार से बात करें कि आपका उत्पाद कितना बेहतर है और उनके पास पहले से मौजूद उत्पाद की कमियों के बारे में संयम से बात करें। ग्राहक के खरीदारी निर्णयों का सम्मान करने से विश्वास बनाने में मदद मिल सकती है।

## 2. भावनात्मक बुद्धिमत्ता का निर्माण

जब आप किसी को मनाने की कोशिश कर रहे हों, तो बोलने से पहले उनकी भावनाओं का मूल्यांकन करें। पर्याप्त अभ्यास के साथ, आप परिस्थितियों का उचित रूप से जवाब दे सकते हैं और जिस विशिष्ट स्थिति में आप हैं उसके अनुसार अपनी अनुनय रणनीति को अनुकूलित कर सकते हैं। हालांकि कुछ व्यक्ति तथ्यपरक दृष्टिकोण और संक्षिप्त तर्क की सराहना कर सकते हैं, लेकिन हमेशा ऐसा नहीं होना चाहिए। कुछ लोग विस्तृत स्पष्टीकरण की मांग कर सकते हैं और आपसे अधिक सहानुभूतिपूर्ण होने की उम्मीद कर सकते हैं।

भावनात्मक बुद्धिमत्ता के साथ, आप किसी व्यक्ति की मनोदशा और अपनी बात मनवाने की इच्छा का अनुमान लगा सकते हैं और उसके अनुसार अपने तर्क तैयार कर सकते हैं। उदाहरण के लिए, एक प्रबंधक के रूप में, आप घबराए हुए कर्मचारी के साथ संवाद करने के लिए आश्वस्त करने वाला लहजा चुन सकते हैं और रचनात्मक प्रतिक्रिया प्राप्त करने के बाद संघर्ष में उलझे किसी व्यक्ति के साथ दृढ़, तर्कसंगत लहजा चुन सकते हैं। जैसे-जैसे आप भावनात्मक बुद्धिमत्ता का निर्माण करते हैं, आप आश्वस्त हो सकते हैं कि आप उनमें से किसी को भी डराने या संरक्षण देने वाले नहीं लगते हैं।

## 3. सक्रियता से सुनें

सक्रिय श्रवण में श्रोता के दृष्टिकोण के प्रति अधिक सम्मानजनक और चौकस रहना शामिल है। इस कौशल को बेहतर बनाने के लिए धैर्य विकसित करना और किसी व्यक्ति की चिंताओं को बिना रोके सुनना महत्वपूर्ण है। लोगों को उनके दृष्टिकोण के बारे में बात करने के लिए पर्याप्त समय दें और उन्हें अपने विचारों को व्यापक, विस्तृत तरीके से साझा करने की अनुमति

दें। इससे उन्हें बातचीत में सहज होने में मदद मिल सकती है और आपको उनका विश्वास हासिल करने में मदद मिल सकती है। एक बार जब आप विश्वास स्थापित कर लेते हैं, तो अक्सर उसे मनाना काफी आसान हो जाता है।

## 4. अपने तर्कों के समर्थन में तर्क का प्रयोग

आप श्रोताओं को अपने विचार या दृष्टिकोण से सहमत होने के लिए बाध्य करने के लिए अपने तर्क में तर्क, तर्कसंगत विचार और सत्यापन योग्य तथ्यों पर भरोसा कर सकते हैं। व्यापक डेटा इकट्ठा करें और दूसरे व्यक्ति को डेटा की जांच करने, उसकी व्याख्या करने और निष्कर्ष पर पहुंचने के लिए पर्याप्त समय दें। अतीत में घटी ऐसी ही स्थितियों के उदाहरण और अपना विश्लेषण साझा करें। उदाहरण के लिए, यदि आप अपने प्रबंधक को नए सीआरएम (ग्राहक-संबंध प्रबंधन) टूल में स्थानांतरित करने के बारे में समझना चाहते हैं, तो वित्तीय और श्रम लागत के संदर्भ में इसके लाभों के बारे में बात करें। विश्वसनीय स्रोतों से प्रशंसापत्र और समीक्षाएँ साझा करने पर विचार करें।

## 5. अपने पारस्परिक कौशल में सुधार

पारस्परिक कौशल दूसरों के साथ बातचीत करने और सार्थक संबंध बनाए रखने में मदद करते हैं। वे उन प्रबंधकों और नेताओं के लिए महत्वपूर्ण हैं जिन्हें विभिन्न विभागों के लोगों और संगठन के बाहर के लोगों के साथ लगातार जुड़ने की आवश्यकता होती है। अपने पारस्परिक कौशल को बेहतर बनाने के लिए, आप वास्तविक बनने, स्वाभाविक व्यवहार करने और करिश्माई बनने का प्रयास कर सकते हैं। जिन लोगों के साथ आप बातचीत करते हैं वे नोटिस कर सकते हैं कि आपका व्यवहार अप्राकृतिक या कृत्रिम है। इससे आपके द्वारा उन्हें मनाने में सक्षम होने की संभावना कम हो जाती है।

## 6. बातचीत की कला में महारत

लोगों को कुछ करने हेतु मनाने के लिए, उन्हें उन कार्यों में संलग्न होने के लाभ दिखाने में सक्षम होना महत्वपूर्ण है जिनकी आप अनुशंसा कर रहे हैं। यदि लाभ उनकी अपेक्षाओं से मेल खाते हैं, तो आपके अनुनय के काम करने की अधिक संभावना है। बातचीत कौशल में सुधार करने के लिए, किसी व्यक्ति की अपेक्षाओं को मापने का प्रयास करें और इसके लिए उनकी प्रेरणा, इरादे और तर्क का आकलन करें। फिर आप यह देखने के लिए वास्तविक, दृश्यमान

 द डार्क साइड ऑफ़ ह्यूमन साइकोलॉजी

प्रयास कर सकते हैं कि क्या आप या कोई अन्य निवेशित पक्ष उनकी अपेक्षाओं को पूरा कर सकता है।

उन सभी चीजों की एक सूची बनाने पर विचार करें जो आप पेश कर सकते हैं और यहां तक कि अपनी सीमाएं भी। एक बार जब आप सीमाओं की पहचान कर लेते हैं, तो दोनों पक्ष समझौते पर काम करना शुरू कर सकते हैं। स्वयं थोड़ा समझौता करके आप दूसरे पक्ष को भी बदलने के लिए राजी कर सकते हैं। एक दौर में बड़े समझौते करने के बजाय, बातचीत करते समय उत्तोलन बनाए रखने का प्रयास करें। जब तक आप किसी ऐसी व्यवस्था पर नहीं पहुंच जाते जो सभी पक्षों के लिए फायदेमंद हो, तब तक कई दौर की बातचीत के लिए तैयार रहें।

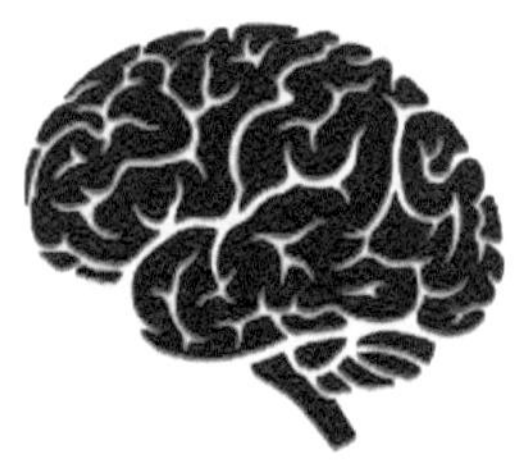

# न्यूरो-भाषाई प्रोग्रामिंग (एनएलपी) पार्ट-I

न्यूरो-भाषाई प्रोग्रामिंग (एनएलपी) से तात्पर्य यह समझने का अभ्यास है कि लोग परिणाम देने के लिए अपनी सोच, भावना, भाषा और व्यवहार को कैसे व्यवस्थित करते हैं। एनएलपी लोगों को अपने क्षेत्र में प्रतिभाओं और नेताओं द्वारा हासिल किए गए उत्कृष्ट प्रदर्शन को मॉडल करने की पद्धति प्रदान करता है। एनएलपी का उपयोग व्यक्तिगत विकास और व्यवसाय में सफलता के लिए भी किया जाता है।

एनएलपी का एक प्रमुख तत्व यह है कि हम अपने आस-पास की दुनिया से अपनी पांच इंद्रियों के माध्यम से अवशोषित जानकारी को फ़िल्टर करने और समझने के तरीके के उत्पाद के रूप में अपना अद्वितीय आंतरिक मानसिक मानचित्र बनाते हैं। अपने आसपास के क्रियाकलापों को देख, सुन और समझ कर अपने भाव और विचारों का निर्माण करते हैं और फिर उन्हें क्रियान्वित करते हैं।

 

# न्यूरो

प्रत्येक व्यक्ति ने इंद्रियों के माध्यम से अवशोषित होने वाले लाखों बिट डेटा को संसाधित करने के लिए अपनी अनूठी मानसिक फ़िल्टरिंग प्रणाली स्थापित की है। दुनिया का हमारा पहला मानसिक मानचित्र आंतरिक छवियों, ध्वनियों, स्पर्श संबंधी जागरूकता, आंतरिक संवेदनाओं, स्वाद और गंध से बना है जो न्यूरोलॉजिकल फ़िल्टरिंग प्रक्रिया के परिणामस्वरूप बनता है। पहले मानसिक मानचित्र को एनएलपी में **'फर्स्ट एक्सेस'** कहा जाता है।

# भाषाई

इस फर्स्ट एक्सेस के बाद हम बाहरी दुनिया से प्राप्त होने वाली जानकारी को व्यक्तिगत अर्थ देते हैं। हम भाषा को आंतरिक छवियों, ध्वनियों और भावनाओं, स्वाद और गंध को निर्दिष्ट करके अपना दूसरा मानसिक मानचित्र बनाते हैं, इस प्रकार रोजमर्रा की सचेत जागरूकता का निर्माण करते हैं। दूसरे मानसिक मानचित्र को **'भाषाई मानचित्र'** कहा जाता है (कभी-कभी भाषाई प्रतिनिधित्व के रूप में भी जाना जाता है)

# प्रोग्रामिंग

प्रोग्रामिंग अर्थात वह व्यवहारिक प्रतिक्रिया जो न्यूरोलॉजिकल फ़िल्टरिंग प्रक्रियाओं और उसके बाद के भाषाई मानचित्र के परिणामस्वरूप क्रियान्वित होती है।

# एनएलपी मूल

न्यूरो लिंग्विस्टिक प्रोग्रामिंग की शुरुआत 1970 के दशक के शुरुआत में हुई, जब कैलिफ़ोर्निया विश्वविद्यालय, सांता कूज़ के एक एसोसिएट प्रोफेसर, जॉन ग्राइंडर ने एक स्नातक रिचर्ड बैंडलर के साथ मिलकर काम किया। दोनों व्यक्तियों में मानवीय उत्कृष्टता के प्रति आकर्षण था जिसने उनके लिए चयनित प्रतिभाओं के व्यवहार पैटर्न को मॉडल करने का मार्ग प्रशस्त किया। **मॉडलिंग** मुख्य गतिविधि है, और यह किसी ऐसे व्यक्ति की भाषा संरचना और व्यवहार पैटर्न को निकालने और दोहराने की प्रक्रिया है जो किसी दी गई गतिविधि में उत्कृष्ट है।

ग्राइंडर और बैंडलर ने अपनी एनएलपी खोज तीन लोगों, फ्रिट्ज़ पर्ल्स, वर्जीनिया सैटिर और मिल्टन एरिकसन की मॉडलिंग करके शुरू की। ये प्रतिभाएं चिकित्सा के क्षेत्र में काम करते हुए परिवर्तन के पेशेवर एजेंटों के रूप में उत्कृष्ट थीं। तीनों प्रतिभाओं, पर्ल्स, सैटिर और एरिकसन ने अचेतन उत्कृष्टता के दृष्टिकोण से अपना जादू दिखाया। प्रतिभाओं ने ग्राइंडर और बैंडलर को

उनके व्यवहार का सचेत विवरण प्रस्तुत नहीं किया। मॉडलर्स (ग्राइंडर और बैंडलर) ने अनजाने में प्रतिभाओं में निहित पैटर्न को आत्मसात कर लिया और फिर एक विवरण प्रदान किया।

प्रत्येक जीनियस की विशिष्टता के बारे में प्रत्यक्ष जानकारी न होने और कुल मिलाकर मनोचिकित्सा के क्षेत्र के बारे में कम जानकारी होने के कारण, ग्राइंडर और बैंडलर ने दो साल की अवधि में जीनियस के व्यवहार के चयनित भागों की व्याख्या करने के लिए चरम उत्साह के साथ काम शुरू किया। उन्होंने वर्णनात्मक शब्दावली के रूप में परिवर्तनकारी व्याकरण के पैटर्न का उपयोग करके अपने काम के परिणामों को भाषा-आधारित मॉडल में कोडित किया। एनएलपी मॉडलिंग के माध्यम से, ग्राइंडर और बैंडलर ने प्रतिभाओं के मौन कौशल को स्पष्ट किया और एनएलपी का जन्म हुआ।

एनएलपी व्यवहार की जांच करने वाले जिज्ञासु दिमागों का एक मिश्रण है। जॉन ग्राइंडर कैलिफोर्निया विश्वविद्यालय, सांता कूज़ में एसोसिएट प्रोफेसर थे और रिचर्ड बैंडलर चौथे वर्ष के स्नातक छात्र थे। विश्व प्रसिद्ध मानवविज्ञानी, ग्रेगरी बेटसन क्रेसगे कॉलेज में संकाय में शामिल हो गए थे। ग्राइंडर और बैंडलर के सहयोग में बेटसन की रुचि इतनी थी कि उन्होंने ग्राइंडर और बैंडलर को मिल्टन एरिकसन से मिलवाया। बेटसन ने समर्थन किया और प्रतिक्रिया प्रदान की। उनका उत्साह आंशिक रूप से पुस्तक **स्ट्रक्चर ऑफ मैजिक** में दिए गए उनके परिचय में दर्शाया गया है। जहां उन्होंने कहा है कि "जॉन ग्राइंडर और रिचर्ड बैंडलर ने कुछ वैसा ही किया है जैसा मैंने और मेरे सहयोगियों ने पंद्रह साल पहले किया था।"

1975 में, ग्राइंडर और बैंडलर ने पहले दो एनएलपी मॉडल '**स्ट्रक्चर ऑफ मैजिक I और II**' खंड में दुनिया के सामने पेश किए। प्रतिष्ठित प्रकाशन द्वारा प्रकाशित संस्करणों ने एनएलपी को मानचित्र पर ला दिया और एनएलपी के नए क्षेत्र में रुचि तेजी से फैल गई। संचार, व्यवहार और परिवर्तन से संबंधित क्षेत्रों के लोगों ने यह जानने की कोशिश की कि परिवर्तन कार्य करते समय उन्हें भी आश्चर्यजनक परिणाम कैसे मिल सकते हैं। ग्राइंडर और बैंडलर ने स्वेच्छा से अपने मॉडलों के अनुप्रयोग में प्रशिक्षण पाठ्यक्रम की पेशकश की। बैंडलर और ग्राइंडर द्वारा संचालित प्रशिक्षण पाठ्यक्रमों ने साबित कर दिया कि एनएलपी मॉडल दूसरों के लिए हस्तांतरणीय थे, जिसका अर्थ है कि शिक्षार्थी अपने काम में एनएलपी मॉडल का सफलतापूर्वक उपयोग कर सकते हैं।

## एनएलपी मॉडलिंग

एनएलपी मॉडलिंग किसी ऐसे व्यक्ति में मौजूद अंतरों को स्पष्ट करने की कला है जो किसी दी गई गतिविधि में उत्कृष्ट है, उसकी तुलना किसी ऐसे व्यक्ति से की जाती है जो उसी गतिविधि

में औसत दर्जे का है। एनएलपी मॉडलिंग एनएलपी में अब तक का उच्चतम कौशल स्तर है। एनएलपी मॉडलिंग का उपयोग किसी भी संदर्भ में किसी में मौजूद उत्कृष्टता के पैटर्न को पकड़ने के लिए किया जा सकता है।

एनएलपी समुदाय की कई कंपनियां मॉडलिंग पर बहुत कम या कोई जोर नहीं देती हैं। माइकल कैरोल ने 1995 में एक एनएलपी पाठ्यक्रम में भाग लिया और वह इस बात से निराश थे कि प्रशिक्षक ने खुले तौर पर स्वीकार किया कि उन्हें मॉडलिंग के बारे में ज्यादा जानकारी नहीं थी। जब माइकल ने एनएलपी अकादमी की स्थापना की तो उन्होंने सुनिश्चित किया कि मॉडलिंग एनएलपी अकादमी दर्शन का एक अभिन्न अंग होगा। मॉडलिंग हमारे मास्टर प्रैक्टिशनर कोर्स की एक प्रमुख विशेषता है। मॉडलिंग को एनएलपीडिया मास्टर प्रैक्टिशनर स्टडी सेट में भी दिखाया गया है।

जॉन ग्राइंडर ने एक मॉडेलर के रूप में अपने कौशल को विकसित करना जारी रखा। वह एक ऐसे व्यक्ति के रूप में शेष क्षेत्र से ऊपर खड़े हैं जो किसी भी उत्कृष्ट व्यक्ति में निहित उत्कृष्टता के पैटर्न को पकड़ सकते हैं। जॉन ग्राइंडर, अपने साथी कारमेन बॉस्टिक सेंट क्लेयर के साथ, एनएलपी अकादमी के साथ मॉडलिंग प्रशिक्षण प्रदान करते हैं।

## एनएलपी प्रशिक्षण

जब एनएलपी डेवलपर्स ने अपना ज्ञान साझा करना शुरू किया, तो एनएलपी प्रमाणन अन्य प्रशिक्षकों के लिए उपलब्ध हो गया। एनएलपी की शुरुआत के तीस साल बाद, आधुनिक एनएलपी प्रशिक्षण सभी प्रकारों में आता है, कुछ उत्कृष्ट, कुछ अच्छे, बहुत सारे औसत और कुछ निश्चित रूप से खराब। एनएलपी अकादमी में हमें अपने प्रशिक्षण रिकॉर्ड पर गर्व है। एनएलपी अकादमी प्रैक्टिशनर्स और मास्टर प्रैक्टिशनर्स की गुणवत्ता हमारे काम के बारे में बहुत कुछ बताती है।

हमें उन सभी लोगों पर गर्व है जो एनएलपी अकादमी से स्नातक हैं और उनके भविष्य के विकास में सहायता करने का प्रयास करते हैं। एनएलपीडिया स्टडी सेट्स के जारी होने के साथ, हम यूके में एकमात्र ऐसी कंपनी के रूप में खड़े हैं जो वास्तविक मल्टी-सेंसरी होम लर्निंग पैकेज पेश करती है जो त्वरित शिक्षण एनएलपी प्रमाणन पाठ्यक्रमों का समर्थन करती है।

## एनएलपी आवेदन

एक एनएलपी प्रैक्टिशनर अपने कौशल को व्यक्तियों, समूहों या कंपनियों, यहां तक कि वैश्विक संगठनों और सरकारों के साथ काम करते हुए परिवर्तन के एजेंट के रूप में नियोजित

कर सकता है। एक प्रौद्योगिकी के रूप में, एनएलपी के पास व्यक्तियों और समूहों में तेजी से और कुशल परिवर्तन को प्रेरित करने का एक अद्भुत ट्रैक रिकॉर्ड है।

बहुत से लोग अपने चुने हुए क्षेत्र में अधिक प्रभावी बनने में मदद के लिए एनएलपी का अध्ययन करते हैं। पैटर्न को शिक्षा, टीम निर्माण, बिक्री, विपणन, व्यक्तिगत विकास, नेतृत्व और कोचिंग जैसे विविध क्षेत्रों से लेकर अनुप्रयोगों के विस्तृत क्षेत्र में नियोजित किया जा सकता है। जहां भी मानवीय संपर्क और विकास की संभावना है, एनएलपी का उपयोग प्रदर्शन को विकसित करने और बढ़ाने के लिए किया जा सकता है।

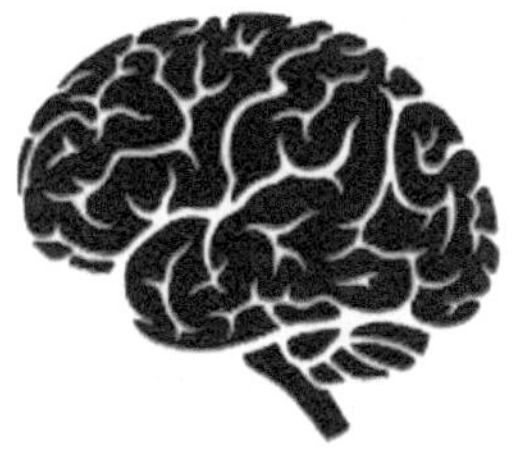

# न्यूरो-भाषाई प्रोग्रामिंग (एनएलपी) पार्ट-II

हमारी न्यूरोलॉजिकल प्रक्रियाएं, व्यवहार और भाषा आपस में जुड़ी हुई हैं, हम अपने विचारों और कार्यों को नियंत्रित करने के लिए अपने दिमाग को 'रीप्रोग्राम' कर सकते हैं। एनएलपी संचार में सुधार और बेहतर रिश्ते विकसित करने के लिए भी एक उपयोगी उपकरण है। शुरू से ही, एनएलपी को व्यक्तिगत विकास में एक सहायक उपकरण के रूप में देखा गया था और तब से इसका बड़े पैमाने पर उपयोग किया जा रहा है। न्यूरो-भाषाई प्रोग्रामिंग में परामर्श, चिकित्सा, कानून, व्यवसाय, खेल और शिक्षा में व्यापक अनुप्रयोग हैं।

## न्यूरो-भाषाई प्रोग्रामिंग के मूल सिद्धांत

न्यूरो-भाषाई प्रोग्रामिंग चार मुख्य सिद्धांतों पर आधारित है:

संवेदी जागरूकता न्यूरो-भाषाई प्रोग्रामिंग के केंद्रीय तत्त्वों में से एक है। किसी भी स्थिति में अपनी और अन्य लोगों की प्रतिक्रियाओं के प्रति सचेत रहने से हमें अधिक लचीलापन और नियंत्रण मिलता है।

तालमेल बनाने से तात्पर्य ऐसे रिश्ते बनाने से है जो आपसी विश्वास और समझ पर बने होते हैं। सफल व्यक्तिगत और व्यावसायिक बातचीत काफी हद तक दूसरों के साथ संबंध स्थापित करने और बनाए रखने की हमारी क्षमता पर निर्भर करती है।

परिणामी सोच हमें अपने विचारों को निर्देशित करने और नकारात्मक सोच द्वारा खुद को सीमित करने से बचने में मदद करती है। यह हमें सर्वोत्तम विकल्प चुनने और अपने लिए निर्धारित लक्ष्यों को प्राप्त करने में सक्षम बनाता है।

व्यवहारिक लचीलापन हमें अनुत्पादक व्यवहारों को बदलने, नए दृष्टिकोण बनाने और स्वस्थ आदतें बनाने की अनुमति देता है।

## न्यूरो-भाषाई प्रोग्रामिंग कैसे काम करती है?

न्यूरो-भाषाई प्रोग्रामिंग में, हमारे दिमाग को विचारों, भावनाओं और विश्वासों से युक्त आंतरिक ऑपरेटिंग सिस्टम के रूप में माना जाता है। एनएलपी उन तरीकों को निर्धारित करता है जिनसे हमारी मानसिक स्थिति हमारे कार्य करने के तरीके और दूसरों के साथ संवाद करने के तरीके को प्रभावित करती है। इससे भी महत्वपूर्ण बात यह है कि हम स्वयं भी इस तकनीक से अपने आप को बदल सकते हैं। भाषा के माध्यम से इन प्रणालियों तक पहुंचा जा सकता है और हमारे न्यूरॉन्स पाथ को बदला जा सकता है या 'प्रोग्राम' किया जा सकता है।

## आंतरिक मानचित्र

न्यूरो-भाषाई प्रोग्रामिंग आंतरिक मानचित्रों के विचार पर आधारित है। आंतरिक मानचित्र हमारी व्यक्तिगत वास्तविकता का प्रतिनिधित्व है। हम संवेदी अनुभवों के माध्यम से इन मानचित्रों को नेविगेट करना सीखते हैं जो हमारी भावनाओं और व्यवहारों को निर्धारित करते हैं। श्रवण, दृश्य, घ्राण, संवादात्मक हो सकते हैं। एनएलपी की मदद से, हमारे व्यक्तिगत मानचित्रों की किसी भी अवचेतन रूप से बनाई गई सीमाओं को संशोधित करना संभव है।

एनएलपी मानता है कि हम अपनी संवेदी प्रणालियों में से किसी एक के प्रति पक्षपाती हैं, चाहे वह छवियाँ, भावनाएँ, ध्वनियाँ, स्वाद या गंध ही क्यों न हों। इसलिए, हम अपने अनुभवों

को संसाधित करने के लिए अपनी पसंदीदा प्रतिनिधित्व प्रणाली (पीआरएस) का उपयोग करते हैं। लेकिन अगर हम सभी प्रतिनिधित्व प्रणालियों के साथ काम करने और विभिन्न परिस्थतियों में सबसे उपयुक्त प्रणाली का उपयोग करने का प्रबंधन करते हैं, तो हम अपने व्यवहारिक लचीलेपन को बढ़ाने में सफल होंगे।

## मॉडलिंग उत्कृष्टता

न्यूरो-भाषाई प्रोग्रामिंग का एक महत्वपूर्ण पहलू मॉडलिंग या उत्कृष्टता को पुनः बनाना है। मॉडलिंग अपने जीवन में उत्कृष्टता लाने के लिए दूसरों की उपलब्धियों की नकल करने की रणनीति प्रदान करती है। हम अंतर्निहित मान्यताओं और विचार प्रक्रियाओं में महारत हासिल करके और उन्हें अपने जीवन में लागू करके किसी भी कौशल या व्यवहार का मॉडल तैयार कर सकते हैं।

## परिवर्तन के तार्किक स्तर

परिवर्तन के तार्किक स्तर का मॉडल एनएलपी में एक अनिवार्य उपकरण है। इसका उपयोग अवांछनीय विचारों या व्यवहारों को संशोधित करने की योजना बनाने के लिए किया जाता है। यह मॉडल प्रसिद्ध ब्रिटिश मानवविज्ञानी और भाषाविद् ग्रेगरी बेटसन से प्रेरित था। बेटसन के अनुसार, सीखने में प्राकृतिक पदानुक्रम शामिल होते हैं। ये पदानुक्रम परिवर्तन प्रक्रिया के लिए एक रोडमैप प्रदान करते हैं। छह स्तरों में से प्रत्येक नीचे वाले को प्रभावित और निर्देशित करता है।

## 1. पर्यावरण

पर्यावरण, परिवेश और हमारे आस-पास के लोग, एनएलपी का सबसे निचला तार्किक स्तर है और इसे संशोधित करना सबसे आसान है। बस वातावरण या नेटवर्क में कुछ बदलने से ट्रिगर्स को खत्म किया जा सकता है और नशे की लत या जुनूनी व्यवहार को संशोधित किया जा सकता है।

## 2. व्यवहार

व्यवहार अक्सर नकारात्मक कार्यों और विचारों में योगदान करते हैं। उन अवांछित व्यवहारों की पहचान करने में सक्षम होना महत्वपूर्ण है जिन्हें बदला जाना चाहिए।

## 3. क्षमताएं और कौशल

क्षमताएं और कौशल वांछित परिवर्तन करने की हमारी क्षमता के साथ-साथ उन परिवर्तनों को करने के लिए आवश्यक उपकरणों की पहचान करने को संदर्भित करते हैं। उदाहरण के लिए, ध्यान, सम्मोहन, सकारात्मक सोच और विश्राम जैसी तकनीकों का उपयोग भय पर काबू पाने में किया जा सकता है।

## 4. विश्वास और मूल्य

विश्वास और मूल्य हमें बदलाव की आंतरिक अनुमति देते हैं। व्यसन, जुनून और अन्य अवांछनीय व्यवहार एक महत्वपूर्ण मूल्य बन सकते हैं जो अन्य सभी व्यक्तिगत मूल्यों को नकारात्मक रूप से प्रभावित करते हैं।

## 5. पहचान

पहचान परिवर्तनों को लागू करने की हमारी क्षमता का मूल्यांकन है। यह या तो सकारात्मक या नकारात्मक हो सकता है।

## 6. उद्देश्य और आध्यात्मिकता

उद्देश्य और आध्यात्मिकता धर्म या नैतिकता में भागीदारी से संबंधित है, जहां परिवर्तन को स्वयं से बड़ी किसी चीज़ के हिस्से के रूप में देखा जाता है।

## अवसाद में न्यूरो-भाषाई प्रोग्रामिंग की भूमिका

एनएलपी का उपयोग आमतौर पर चिंता और भय से लेकर अभिघातज के बाद के तनाव विकारों और अवसाद तक कई प्रकार के मुद्दों के इलाज के लिए किया जाता है। एक एनएलपी चिकित्सक रोगी की सोच, व्यवहार पैटर्न, भावनात्मक स्थिति और आकांक्षाओं को समझने की कोशिश करेगा। व्यक्ति के आंतरिक मानचित्रों का विश्लेषण करके, चिकित्सक सबसे लाभकारी कौशल को खोजने और मजबूत करने और पुराने अनुत्पादक कौशल को बदलने के लिए नई रणनीति विकसित करने में मदद कर सकता है।

### न्यूरो भाषाई प्रोग्रामिंग दृष्टिकोण और तकनीकें

एनएलपी चिकित्सक कई अलग-अलग तकनीकों का उपयोग करते हैं, जिनमें शामिल हैं:

## एंकरिंग

पावलोव की कंडीशनिंग के समान, एंकरिंग में संवेदी अनुभवों को वांछित भावनात्मक स्थिति या मन की स्थिति के लिए ट्रिगर में बदलना शामिल है। एंकर एक इशारा हो सकता है जैसे अंगूठे और तर्जनी से सकारात्मक शब्दों को, जो भावना से जुड़े हों, एक साथ निचोड़ना। लक्ष्य चुने गए एंकर के माध्यम से वांछित भावनात्मक या मानसिक स्थिति तक तुरंत पहुंचने में सक्षम होता है। कुछ अभ्यास के बाद, इन सीखे गए ट्रिगर्स का उपयोग करके नकारात्मक भावनाओं को प्रतिस्थापित किया जा सकता है।

## स्विश पैटर्न

एंकरिंग की तरह ही, स्विश पैटर्न तकनीक द्वारा प्रतिक्रिया पैटर्न को बदलना शामिल है जो अवांछित व्यवहार का कारण बनता है। उदाहरण के लिए, इसे चिंताओं और जुनून के मामलों में लागू किया जा सकता है। मरीजों को उनके समस्याग्रस्त व्यवहार के कारणों की पहचान करने के लिए कहा जाता है। फिर वे मानसिक रूप से उस ट्रिगर की सामान्य प्रतिक्रिया की छवि को वांछित ट्रिगर से बदल सकते हैं। कुछ अभ्यास के साथ, जब भी संकेत मिलेगा तो नई प्रतिक्रिया स्वचालित रूप से उत्पन्न होगी और धीरे-धीरे पुरानी प्रतिक्रिया को प्रतिस्थापित कर देगी।

## दृश्य-गतिसंवेदी पृथक्करण

यादों और फोबिया जैसी पिछली घटना से जुड़े अवरोधक विचारों और भावनाओं को खत्म करने में उपयोगी है। जब किसी घटना की पुनर्कल्पना की जाती है और शरीर से बाहर के अनुभव को पुन:जीवित किया जाता है, तो उसके बारे में सोचने से अवांछित भावनाएं उत्पन्न नहीं होती हैं।

## क्या न्यूरो-भाषाई प्रोग्रामिंग काम करती है?

एनएलपी की सबसे महत्वपूर्ण सीमा अनुभवजन्य साक्ष्य की कमी है। इसके उपयोग के कई दशकों के बाद भी, न्यूरो-भाषाई प्रोग्रामिंग की प्रभावशीलता और इसके सिद्धांतों की वैधता अभी तक अनुसंधान द्वारा स्पष्ट रूप से प्रदर्शित नहीं की गई है।

इसके अलावा, एनएलपी पर वैज्ञानिक अनुसंधान ने मिश्रित परिणाम उत्पन्न किए हैं। कई अध्ययनों ने इस बात का पुख्ता सबूत दिया है कि यह मानसिक स्वास्थ्य समस्याओं के इलाज का एक प्रभावी तरीका है। साथ ही, कुछ स्वास्थ्य संबंधी स्थितियों, जैसे चिंता विकार, वजन प्रबंधन और व्यसनों के इलाज में एनएलपी की प्रभावशीलता के लिए बहुत कम नैदानिक प्रमाण हैं।

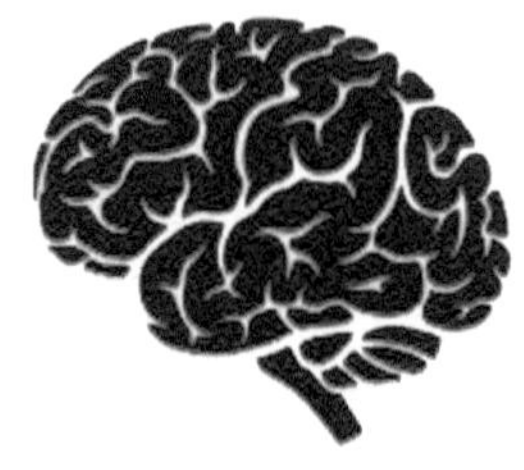

# मानसिक शोषण

मानसिक शोषण वह दुखद प्रक्रिया है जिसके तहत किसी को मानसिक प्रताड़ना का शिकार बनाया जाता है। अपने हित के लिए दूसरे पर दबाव बनाकर उसे कुछ बोलने, लिखने या कुछ करने के लिए मजबूर किया जाता है। मानसिक शोषण आमतौर पर किसी की भावना को विकृत करने की विशेषता है। दुर्व्यवहार करने वाला व्यक्ति इस बात पर जोर दे सकता है कि आपके साथ घटी हुई घटना बहुत अलग तरीके से घटी थी, वह इस हद तक बातें बदलने की कोशिश कर सकता है कि स्थिति के बुनियादी तथ्य बिल्कुल अलग हों। मानसिक शोषण का सबसे बड़ा लक्ष्य आपके आत्मविश्वास को कम करना और आपको अपने बारे में बुरा महसूस कराना है। यह भी मेनुपुलेशन और नियंत्रण का एक रूप है। मानसिक शोषण का प्रभाव भी शारीरिक शोषण जितना ही हानिकारक होता है और कभी-कभी तो शारीरिक शोषण से भी ज्यादा।

मानसिक स्वास्थ्य संबंधी कठिनाइयाँ किसी की भी विचार प्रक्रियाओं, भावनाओं, कार्यों, व्यवहार और व्यक्तित्व को प्रभावित कर सकती हैं। प्रत्येक व्यक्ति ऐसे समय का अनुभव करता

है जब उसका मानसिक स्वास्थ्य बेहतर या ख़राब होता है। मानसिक स्वास्थ्य जीवन की बहुत बड़ी बाधा बन जाता है जब किसी के  दैनिक जीवन को प्रबंधित करने की क्षमता को प्रभावित करता है।

मानसिक स्वास्थ्य समस्याएं विविध हैं, साथ ही लोगों पर पड़ने वाले प्रभाव भी विविध प्रकार के हैं। कुछ लोगों को थोड़े समय के लिए मानसिक स्वास्थ्य समस्याओं का अनुभव हो सकता है, जबकि कुछ को यह परेशानी लंबे समय तक बनी रह सकती है।

## शोषण के प्रति संवेदनशीलता

खराब मानसिक स्वास्थ्य, लोगों के दैनिक जीवन, रिश्तों, सामाजिक जीवन, रोजगार और वित्त पर प्रभाव डाल सकता है, जिससे जीवन अधिक चुनौतीपूर्ण और तनावपूर्ण हो सकता है। इन प्रभावों से मादक द्रव्यों का दुरुपयोग, अलगाव, खराब शारीरिक स्वास्थ्य और बेघर होने जैसे व्यापक मुद्दे सामने आ सकते हैं। ये कारक दुर्व्यवहार और शोषण के प्रति संवेदनशीलता को बढ़ा सकते हैं।

मानसिक स्वास्थ्य संबंधी कठिनाइयों का सामना करने वाले लोग ऐसे लोगों की तलाश कर सकते हैं या उन पर निर्भर हो सकते हैं जो उन्हें भावनात्मक या व्यावहारिक सहायता प्रदान कर सकें। देखभालकर्ता के रूप में कोई आपके साथ दुर्व्यवहार या शोषण करने के लिए विश्वास और निर्भरता के इस रिश्ते का उपयोग आसानी से कर सकता है। वह अपनी शोषणकारी पेशकश को जबरदस्ती और हिंसक तरीके से भी कारगर बना सकता है।

मानसिक स्वास्थ्य संबंधी कठिनाइयाँ दूसरों से यह बताने की क्षमता को भी प्रभावित कर सकती हैं कि उनके साथ दुर्व्यवहार किया जा रहा है या उनका शोषण हो रहा है। यही कारण है कि उनके लिए मित्र, परिवार और सहायता सेवाओं से सहायता और समर्थन लेना कठिन या असंभव हो जाता है। एपिसोड के दौरान जब उनकी मानसिक स्वास्थ्य संबंधी कठिनाइयाँ विशेष रूप से गंभीर होती हैं, तो वे पूरी तरह से नहीं पहचान पाते हैं कि उनके साथ दुर्व्यवहार हो रहा है या उनका  शोषण किया जा रहा है।

मानसिक स्वास्थ्य संबंधी कठिनाइयाँ आघात, दुर्व्यवहार या शोषण के पिछले अनुभव से भी उत्पन्न हो सकती हैं। लोगों के जीवन पर इन अनुभवों का स्थायी प्रभाव उनकी संवेदनशीलता को बढ़ा सकता है।

## भेद्यता शोषण

शोषण विशेष रूप से तैयार किया गया एक कोड है जिसका उपयोग हमलावरों द्वारा एक निश्चित सुरक्षा भेद्यता का फायदा उठाने और संसाधनों की सुरक्षा से समझौता करने के लिए किया जाता है। यह एक भेद्यता शोषण उपकरण है, शोषण किट उतने ही लोकप्रिय हैं जितने स्वयं शोषण। ये हमला की गई वेबसाइटों में एम्बेडेड उपकरण हैं, जो स्वचालित रूप से विज़िटर के कंप्यूटर को कमजोरियों के लिए स्कैन करते हैं और उनके डेटाबेस से एक शोषण का चयन करके अनुकूलित समय का चुनाव कर उनका उपयोग करने का प्रयास करते हैं। यदि शोषण सफल होता है, तो किट उपयोगकर्ता के सिस्टम में मैलवेयर पेश करेगी। सूचना सुरक्षा पेशेवरों के लिए यह बहुत परेशान करने वाली बात है। भेद्यता एक कमजोर स्थान है, और शोषण इसे विशेष रूप से तैयार एक स्रोत कोड के रूप में उपयोग करने का तरीका है। प्रति भेद्यता में दर्जनों, और कभी-कभी सैकड़ों की संख्या में भी शोषण हो सकते हैं।

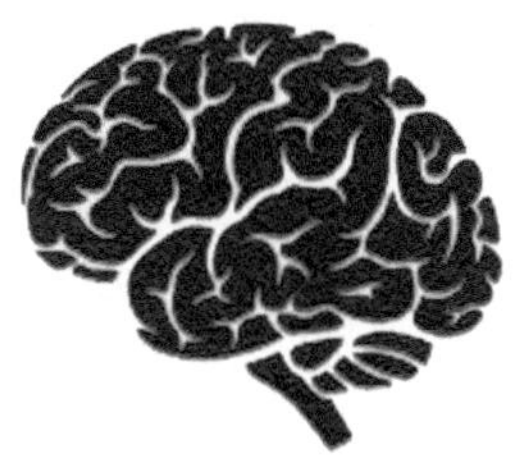

# अनुनय अच्छा है...

अनुनय और हेरफेर के बीच का अंतर वस्तुत: हजारों वर्षों से बहस का विषय रहा है। ईसा पूर्व चौथी शताब्दी के दौरान प्राचीन ग्रीस में अनुनय के जनक, अरस्तू ने सोफ़िस्टों के नाम से जाने-जाने वाले शिक्षकों के एक समूह का विरोध किया था। सोफिस्टों ने विभिन्न विषयों में शिक्षा प्रदान की, लेकिन अलंकारिक शिक्षा के लिए वे कुख्यात हो गए। अरस्तू का सोफिस्टों से इस बात पर टकराव हुआ कि वे सत्य की परवाह नहीं करते, बल्कि शुल्क लेकर किसी भी विचार को बढ़ावा देते हैं। अरस्तू ने जोर देकर कहा कि सोफिस्ट चालाकी में लगे हुए थे क्योंकि उन्होंने जानबूझकर लोगों को धोखा दिया और नुकसान पहुंचाया।

आज अनुनय और जोड़-तोड़ के बीच बहस छिड़ी हुई है। वास्तव में, कई लोग स्वीकार करते हैं कि उन्हें दोनों के बीच अंतर करने में कठिनाई होती है। फिर भी, अंतर को समझना महत्वपूर्ण है क्योंकि यह दूसरों को नैतिक रूप से प्रभावित करने में आपका मार्गदर्शन करेगा और आपको हेरफेर करने वाले संदेशों को पहचानने के ज्ञान से लैस करेगा।

अनुनय और हेरफेर के बीच अंतर को सटीक रूप से समझने के लिए अनुनय के पीछे की नैतिकता को समझना आवश्यक है। कुछ संचार सिद्धांतकार हैं जिन्होंने घोषणा की है कि अनुनय "नैतिक रूप से तटस्थ" है। कहने का तात्पर्य यह है कि अनुनय न तो अच्छा है और न ही बुरा, केवल एक निष्पक्ष प्रक्रिया है। अरस्तू ने इस बात पर जोर दिया कि अनुनय स्वाभाविक रूप से अच्छा है क्योंकि यह उन प्राथमिक संसाधनों में से एक है जिसके माध्यम से सत्य ज्ञात होता है। प्रेरक विधि के माध्यम से एक विचार को साक्ष्य के साथ सामने रखा जाता है और व्यक्ति को उस प्रेरक अपील को स्वीकार करने या अस्वीकार करने को  स्वतंत्र रूप से चयन करने की अनुमति दी जाती है। जे. कांगर ने हार्वर्ड बिजनेस रिव्यू में इस बारे में लिखा, जब उन्होंने पुष्टि की, "अनुनय में वास्तव में लोगों को उस स्थिति में ले जाना शामिल है जिस पर वे वर्तमान में नहीं हैं, लेकिन भीख मांग कर या बहला-फुसलाकर नहीं। इसके बजाय, इसमें सावधानीपूर्वक तैयारी, तर्कों का उचित निर्धारण, ज्वलंत सहायक साक्ष्य की प्रस्तुति और अपने दर्शकों के साथ सही भावनात्मक मेल खोजने का प्रयास शामिल है।"

यह विश्वास की अनुनय सत्य तक पहुंचने का एक सम्मानजनक और प्रभावी साधन है, इस तथ्य से देखा जाता है कि यह आधुनिक अर्थशास्त्र, परामर्श प्रथाओं और कानूनी प्रणाली का आधार है। इसके अलावा, अनुनय भी लोकतंत्र की नींव है। जैसा कि प्रोफेसर रेमंड रॉस लिखते हैं, "लोकतंत्र में जब भी नेताओं का चुनाव करते हैं, कानून स्थापित करते हैं, या अपने नागरिकों की रक्षा करने का प्रयास करते हैं तो विचारशील नैतिक अनुनय का उपयोग करते हैं।" यहां तक कि जो लोग अनुनय की धारणा से निराश हो जाते हैं वे भी इससे बच नहीं सकते हैं। अनुनय मानव संचार में अंतर्निहित है। संचार करते समय, लोग जानबूझकर और अनजाने में कुछ मान्यताओं और व्यवहारों को बढ़ावा देते हैं। नतीजतन, अनुनय पसंद का मामला नहीं है; यह सामाजिक संपर्क में अंतर्निहित है। वास्तव में, यह मानव संचार में इतना व्यापक है कि कभी-कभी यह लगभग अदृश्य हो जाता है। टेंपल यूनिवर्सिटी के प्रोफेसर डॉ. हर्बर्ट डब्ल्यू. सिमंस इसे स्पष्ट करते हुए लिखते हैं, "तथाकथित लोगों के पेशे, राजनीति, कानून, सामाजिक कार्य, परामर्श, व्यवसाय प्रबंधन, विज्ञापन, बिक्री, जनसंपर्क, मंत्रालय भी हो सकते हैं।"

इसके मूल में, अनुनय सत्य की खोज है। अनुनय के माध्यम से ही सकारात्मक परिवर्तन होता है। उदाहरण के लिए, प्रेरक संदेश हाई स्कूल के छात्रों को धूम्रपान से दूर रहने, जीवनरक्षक रक्तदान बढ़ाने और युवाओं को गिरोह में शामिल होने से रोकने के लिए प्रेरित करने हेतु वैज्ञानिक रूप से उपयोगी सिद्ध हो चुके हैं। संचार विद्वान गैस और सीटर विचार को दोहराते हैं जब वे जोर देकर कहते हैं, "अनुनय राष्ट्रों के बीच शांति समझौते बनाने में मदद करता है। अनुनय समाजों

के बंद विचारों को खोलने में मदद करता है। दान और परोपकार से संबंधित संगठनों के धन जुटाने के प्रयासों में अनुनय महत्वपूर्ण है। अनुनय-विनय मोटर चालकों को गाड़ी चलाते समय कमर कस लेने या बहुत अधिक पेय पी लेने पर गाड़ी चलाने से परहेज करने के लिए मनाता है। अनुनय का उपयोग शराब या नशीली दवाओं पर निर्भर परिवार के सदस्य को पेशेवर मदद लेने हेतु मनाने के लिए किया जाता है। अनुनय से तात्पर्य यह है कि कैसे एक कमज़ोर टीम का कोच खिलाड़ियों को अपना सब कुछ देने के लिए प्रेरित करता है। अनुनय एक उपकरण है जिसका उपयोग माता-पिता द्वारा बच्चों से अजनबियों से सवारी स्वीकार न करने या किसी को भी गलत तरह यानी जिससे वे असहज महसूस करें, से छूने की अनुमति न देने के लिए किया जाता है। संक्षेप में, अनुनय कई सकारात्मक, सामाजिक -समर्थक प्रयासों की आधारशिला है। हम दुनिया में जो भी अच्छाई देखते हैं उसका बहुत कम हिस्सा बिना प्रेरणा के पूरा किया जा सकता है।

हालांकि, अनुनय की अच्छाई और यह तथ्य कि यह मानव स्वभाव में अंतर्निहित है, लोगों की चिंता का कारण नहीं है। यदि अनुनय से भ्रष्टाचार हो तो चिंता का कारण है। निश्चित रूप से, जब अनुनय विकृत होता है, तो यह चालाकी पूर्ण हो सकता है, जो खतरनाक है। हेरफेर के माध्यम से, धोखेबाजों, पंथ नेताओं और तानाशाहों ने लाखों लोगों के साथ दुर्व्यवहार किया, उन्हें गुलाम बनाया और यहां तक कि उनका नरसंहार भी किया। हालांकि, हेरफेर जितना हानिकारक है, इसे लेकर कभी भी अनुनय के साथ भ्रमित नहीं होना चाहिए। हेर-फेर अनुनय की विकृति है। इसका संबंध सच्चाई से नहीं, बल्कि धोखे से है। अरस्तु ने अपने प्रशंसित कार्य, रेटोरिक में इस पर टिप्पणी की, जब उन्होंने जोर दिया, "अलंकारिक क्षमता का दुरुपयोग बड़ी शरारत का काम कर सकता है, वही आरोप सद्गुणों को छोड़कर सभी अच्छी चीजों के खिलाफ चलाया जा सकता है, और विशेष रूप से ताकत जैसी सबसे उपयोगी चीजों के खिलाफ लगाया जा सकता है।" स्वास्थ्य, धन और सैन्य कौशल, सही ढंग से नियोजित करने पर वे सबसे बड़े आशीर्वाद का काम करते हैं; और ग़लत ढंग से इस्तेमाल करने पर, वे सबसे ज़्यादा नुकसान पहुँचाते हैं।"

नतीजतन, प्रासंगिक सवाल यह है कि आप अनुनय और हेरफेर के बीच अंतर कैसे कर सकते हैं? ऐसे तीन विश्वसनीय तरीके हैं जिनसे आप विश्लेषण कर सकते हैं कि कोई संदेश छेड़छाड़ पूर्ण है या नहीं।

## 1.इरादा

कोई अनुरोध चालाकीपूर्ण है या नहीं, इसका निर्णय करने में इरादा एक प्राथमिक कारक है। यदि कोई व्यक्ति किसी ऐसे विचार या व्यवहार को प्रस्तुत करने का प्रयास करता है जो दूसरे

के हित में नहीं है, तो वह हेरफेर में संलग्न है। अफसोस की बात है कि यह सब बहुत आम है। लोग अक्सर अपनी इच्छा पूरी करने के लिए, दूसरों का दुरुपयोग करने के लिए जाल बिछाते हैं। इस मेकियावेलियन दृष्टिकोण का एक मूल कारण दूसरों को समानता की दृष्टि से न देखना है। प्रसिद्ध दार्शनिक इमैनुएल कांट ने इस मानसिकता के बारे में लिखा और उन्होंने सुझाव दिया कि नैतिकता का मूलभूत सिद्धांत किसी व्यक्ति को एक इंसान के रूप में मानना है न कि एक वस्तु के रूप में।

## 2. सत्य को रोकना

हेरफेर में सत्य को विकृत करना या छिपाना शामिल है। अक्सर, इसे किसी व्यवहार, विचार या उत्पाद के फायदों को बढ़ा-चढ़ाकर पेश करने के माध्यम से देखा जाता है। यह हेरफेर का वह रूप था जिसने कैविएट एम्प्टर वाक्यांश को प्रचलित होने के लिए प्रेरित किया, जिसका लैटिन में अर्थ है 'क्रेता सावधान'। यह वाक्यांश विशेष रूप से उन ऐतिहासिक काल के दौरान व्यापक था जब विक्रेताओं के लिए बहुत कम जवाबदेही थी। यह कहावत संभावित खरीदारों के लिए एक चेतावनी थी कि वे सामान बेचने वालों से सावधान रहें और यह सुनिश्चित करें कि खरीदारी करने से पहले वे सत्यापित करें कि उत्पाद की गुणवत्ता विक्रेता द्वारा किए गए दावों के समान है। आज भी अधिकांश लोगों का अनुभव है कि उन्हें किसी उत्पाद या सेवा की विशेषताओं या लाभों के बारे में बताया गया और फिर उसे खरीदने के बाद एहसास हुआ कि उन्हें गुमराह किया गया था। यह गलत है, क्योंकि ईमानदार प्रतिनिधित्व के अलावा सब कुछ जबरदस्त हेरफेर है।

## 3. दबाव

ज़बरदस्ती, जोड़-तोड़ अपील का तीसरा और सबसे स्पष्ट घटक है। यह स्वतंत्र विकल्प को हटाने का अल्टीमेटम है। इसके विपरीत, अनुनय में प्रभाव शामिल होता है, लेकिन कभी भी दबाव नहीं डाला जाता। जैसा कि संचार विद्वान डॉ. रिचर्ड पेर्लॉफ़ लिखते हैं, अनुनय की एक परिभाषित विशेषता स्वतंत्र विकल्प है कि किस स्तर पर व्यक्ति को उस पद को स्वीकार करने या अस्वीकार करने में सक्षम होना चाहिए जो उससे आग्रह किया गया है। इसलिए, जिस निमंत्रण को कोई ना कहने में असमर्थ है, वह प्रकृति में प्रेरक नहीं है, बल्कि जबरदस्ती और तदनुसार जोड़-तोड़ करने वाला है।

अंत में, अनुनय और हेरफेर के बीच बहुत बड़ा अंतर है। अनुनय इसमें शामिल सभी लोगों की स्थिति को आगे बढ़ाता है। यह एक सामाजिक-समर्थक प्रयास है जो संदेश प्राप्तकर्ता को

सत्य स्वीकार करने में मार्गदर्शन करता है। इसके विपरीत, जोड़-तोड़ वाली अपील वह है जिसे अपनाए जाने पर दूसरे पर नकारात्मक प्रभाव पड़ेगा। हेरफेर नैतिक रूप से गलत है और अंतत: इसमें शामिल सभी लोगों के हितों के लिए प्रतिकूल है। जैसा कि सामाजिक मनोवैज्ञानिक रॉबर्ट सियाल्डिनी ने कहा, "भ्रामक प्रभाव रणनीति का व्यवस्थित उपयोग, अंतत: मनोवैज्ञानिक और आर्थिक रूप से आत्म-हानिकारक प्रक्रिया बन जाता है।" इसलिए, अनुनय की शुद्धता और हेरफेर के तीन प्राथमिक तत्वों, दोनों की सटीक और मजबूत समझ के माध्यम से आप नैतिक रूप से दूसरों को समझाने और हेरफेर करने वाले अनुरोधों से खुद को बचाने में सक्षम होंगे।

## अनुनय में शारीरिक भाषा

अनुनय में शारीरिक भाषा एक महत्वपूर्ण कारक है, क्योंकि यह दूसरे व्यक्ति को भेजे जा रहे संदेश में आत्मविश्वास और विश्वास व्यक्त करती है। अनुनय में विश्वास सबसे महत्वपूर्ण पहलू है, क्योंकि यह लोगों को वक्ता के अधिकार में विश्वास करने की अधिक संभावना बनाता है। प्रेरक बनने के लिए, व्यक्ति को आत्मविश्वास, आंखों का संपर्क, शारीरिक भाषा, बोलने का तरीका, लहजा, चेहरे के भाव और सामान्य आचरण जैसे महत्वपूर्ण योगदान कारकों में महारत हासिल करनी चाहिए।

अनुनय-विनय एक मूल्यवान कौशल है, रिश्तों को बेहतर बनाने, अपनी काबिलियत के अनुसार वेतन पाने और दूसरों को अपनी सलाह सुनाने के लिए, इसका उपयोग किया जा सकता है। दैनिक पुष्टिओं में महारत हासिल करने और स्थिति की कल्पना करने से कठिन बातचीत के बीच अपनी प्रेरक क्षमताओं को बढ़ाने में मदद मिल सकती है।

लोगों को मनाने के लिए, आपको उनकी सरल इच्छाओं को समझना होगा, संबंध स्थापित करना होगा और आत्म-पुष्टि में उनकी मदद करनी होगी। दूसरों के व्यवहार को सफलतापूर्वक प्रभावित करने और नियंत्रित करने के लिए, पेशेवर विभिन्न तरीकों और तकनीकों का उपयोग करते हैं जैसे सम्मोहन, मानव मनोविज्ञान और व्यक्तिगत विशेषताओं के संयुक्त ज्ञान के साथ।

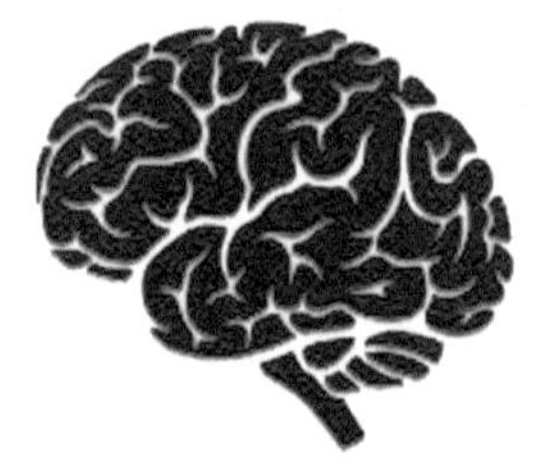

# मीडिया हेरफेर

मीडिया हेरफेर संबंधित तकनीकों की एक श्रृंखला है जिसमें पक्षपातपूर्ण एक छवि या तर्क बनता है जो कुछ विशेष हितों का समर्थन करता है। इस तरह की रणनीति में तार्किक भ्रांतियां, चालाकी, पूर्णतया धोखा (दुष्प्रचार), अलंकारिक प्रचार का उपयोग शामिल हो सकता है, और अक्सर लोगों के समूहों को अन्य लोगों की बातें सुनने से रोकने के लिए प्रेरित करके, कुछ तर्कों के द्वारा या ध्यान कहीं और भटकाकर जानकारी या दृष्टिकोण को दबाना शामिल होता है।

## मास मीडिया हेरफेर के तरीके

## सक्रियतावाद

सक्रियता वह प्रथा या सिद्धांत है जिसमें प्रत्यक्ष कार्रवाई पर जोर दिया जाता है, विशेष रूप से किसी विवादास्पद मामले के एक पक्ष का समर्थन या विरोध करना। यह बिल्कुल सीधे तौर पर सामाजिक विचारों को प्रभावित करने या बदलने के लिए एक आंदोलन की शुरुआत करना

है। यह अक्सर प्रभावशाली व्यक्तियों द्वारा शुरू किया जाता है लेकिन बड़े पैमाने पर सामाजिक आंदोलनों के माध्यम से सामूहिक रूप से किया जाता है। ये सामाजिक आंदोलन सार्वजनिक रैलियों, हड़तालों, पैदल मार्चो और यहां तक कि सोशल मीडिया पर शेखी बघारने के माध्यम से भी किए जाते हैं।

## विज्ञापन

विज्ञापन प्रचार का एक रूप है जो दर्शकों को कोई निश्चित वस्तु या सेवा खरीदने के लिए प्रेरित करता है। मार्केटिंग के पहले प्रकारों में से एक, इसका उद्देश्य अपने लक्षित बाजार को किसी विशेष कार्रवाई को खरीदने, बेचने या निष्पादित करने के

लिए राजी करना है। ऐसा उन व्यवसायों द्वारा किया जाता है जो अपने उत्पादों या सेवाओं को टेलीविजन ब्रेक, वेबसाइटों पर बैनर और मोबाइल एप्लिकेशन पर दिखाने के लिए मीडिया आउटलेट्स का भुगतान करके अपना उत्पाद बेचना चाहते हैं।

ये विज्ञापन न केवल व्यवसायों द्वारा दिये जाते हैं बल्कि कुछ समूहों द्वारा भी प्रयोग किए जा सकते हैं। गैर-व्यावसायिक विज्ञापनदाता वे होते हैं जो किसी उद्देश्य के लिए जागरूकता बढ़ाने या विशिष्ट विचारों को बढ़ावा देने की उम्मीद में विज्ञापन पर पैसा खर्च करते हैं। इनमें हित समूह, राजनीतिक दल, सरकारी संगठन और धार्मिक आंदोलन जैसे समूह शामिल हैं। इनमें से अधिकांश संगठन उत्पादों या सेवाओं को बेचने की कोशिश करने के बजाय एक संदेश फैलाने या जनता की राय प्रभावित करने का इरादा रखते हैं। विज्ञापन न केवल सोशल मीडिया पर पाया जा सकता है, बल्कि बिलबोर्ड, समाचार पत्र, पत्रिकाओं और यहां तक कि मौखिक प्रचार पर भी स्पष्ट है।

## धोखाधड़ी

धोखाधड़ी एक ऐसी प्रक्रिया है जिसका उद्देश्य किसी को गुमराह करना अथवा धोखा देना है। भ्रामक सार्वजनिक स्टंट, वैज्ञानिक धोखाधड़ी, झूठे बम की धमकियां और व्यापारिक घोटाले आदि भी धोखाधड़ी के उदाहरण हैं।

## प्रचार-प्रसार

प्रचार-प्रसार संचार का एक रूप है जिसका उद्देश्य किसी तर्क का केवल एक पक्ष प्रस्तुत करके किसी कारण या स्थिति के प्रति समुदाय के दृष्टिकोण को प्रभावित करना है। प्रचार

आमतौर पर सरकारों द्वारा किया जाता है, लेकिन अन्य शक्तिशाली संगठनों द्वारा बनाए गए जनसंचार के कुछ रूपों को भी प्रचार माना जा सकता है। निष्पक्ष रूप से जानकारी प्रदान करने के विपरीत, प्रचार अपने सबसे बुनियादी अर्थ में, मुख्य रूप से दर्शकों को प्रभावित करने के लिए जानकारी प्रस्तुत करता है। दर्शकों के रुझान में चयनित परिणाम उत्पन्न करने के लिए प्रचार को आम तौर पर विभिन्न प्रकार के मीडिया में दोहराया और फैलाया जाता है। जबकि प्रचार शब्द ने उचित रूप से अपने सबसे जोड़-तोड़ और भाषावादी उदाहरणों के साथ मिलकर एक जोरदार नकारात्मक अर्थ प्राप्त कर लिया है, प्रचार अपने मूल अर्थ में तटस्थ था, और उन उपयोगों को संदर्भित कर सकता है जो आम तौर पर सौम्य या हानिरहित थे जैसे- सार्वजनिक स्वास्थ्य सिफारिशें, नागरिकों को जनगणना या चुनाव में भाग लेने के लिए प्रोत्साहित करने वाले संकेत या व्यक्तियों को पुलिस को अपराधों की रिपोर्ट करने के लिए प्रोत्साहित करने वाले संदेश आदि।

प्रचार में सामाजिक मानदंडों और मिथकों का उपयोग किया जाता है जिन्हें लोग सुनते हैं और विश्वास करते हैं। चूँकि लोग अधिक सरल विचारों पर प्रतिक्रिया करते हैं, समझते हैं और याद रखते हैं, यही वह चीज़ है जिसका उपयोग लोगों के विश्वासों, दृष्टिकोणों और मूल्यों को प्रभावित करने के लिए किया जाता है।

## मनोवैज्ञानिक युद्ध

मनोवैज्ञानिक युद्ध को कभी-कभी प्रचार का पर्याय माना जाता है। मुख्य अंतर यह है कि प्रचार आम तौर पर एक राष्ट्र के भीतर होता है, जबकि मनोवैज्ञानिक युद्ध आम तौर पर राष्ट्रों के बीच होता है, अक्सर शीत युद्ध के दौरान। किसी लक्ष्य के मूल्यों, विश्वासों, भावनाओं, उद्देश्यों, तर्क या व्यवहार को प्रभावित करने के लिए विभिन्न तकनीकों का उपयोग किया जाता है। इसका लक्ष्य दर्शक सरकारें, संगठन, समूह और व्यक्ति हो सकते हैं।

इस रणनीति का उपयोग पूरे इतिहास में कई युद्धों में किया गया है। द्वितीय विश्व युद्ध के दौरान, पश्चिमी मित्र राष्ट्रों को उम्मीद थी कि सोवियत संघ, अमेरिका और इंग्लैंड पर पर्चे गिराएगा। इराक के साथ संघर्ष के दौरान, अमेरिकी और अंग्रेजी सेनाओं ने पर्चे गिराए, जिनमें से कई पर्चों में लोगों को आत्मसमर्पण करने के तरीके बताए गए थे। कोरियाई युद्ध में दोनों पक्ष ने अग्रिम पंक्ति से लाउडस्पीकर का उपयोग किया। 2009, गाजा युद्ध में इजराइल में लोगों को उनके सेल फोन पर रॉकेट से किए जाने वाले हमलों की धमकी वाले संदेश प्राप्त हुए। फिलिस्तीनी लोगों को फ़ोन कॉल और पत्र मिल रहे थे जिनमें चेतावनी

दी गई थी कि वे उन पर मिसाइल गिराने वाले हैं। ये फोन कॉल और पत्र हमेशा सटीक नहीं होते थे।

## जनसंपर्क

जनसंपर्क (पीआर) किसी व्यक्ति, संगठन या देश की जनता के बीच सूचना के प्रवाह का प्रबंधन है। जनसंपर्क में एक संगठन या व्यक्ति शामिल हो सकता है जो सार्वजनिक हित के विषयों और समाचार का उपयोग करके अपने दर्शकों तक पहुंच प्राप्त कर रहा है, जिन्हें सीधे भुगतान की आवश्यकता नहीं होती है। पीआर आमतौर पर विशिष्ट व्यक्तियों या फर्मों द्वारा पहले से ही सार्वजनिक व्यक्तियों या संगठनों के आदेश पर, उनकी सार्वजनिक प्रोफ़ाइल को प्रबंधित करने के एक तरीके के रूप में बनाया जाता है।

## मीडिया हेरफेर तकनीक

## भावनाओं का उपयोग करना

यह बहुत ही सरल है। जब आप कोई ऐसा शीर्षक पढ़ते हैं जिसका आप पर गहरा भावनात्मक प्रभाव पड़ता है तो आप पहले ही धोखा खा चुके होते हैं। बाकी खबरें आप उसी नजरिए से पढ़ेंगे या सुनेंगे जैसा पाठ का लेखक आपसे चाहता है; उदाहरण के लिए, आप शीर्षक पढ़ने के बाद क्रोधित हो सकते हैं, "पुलिस अधिकारी ने 14 वर्षीय एशियाई लड़की को बेरहमी से पीटा।" फिर आप शेष लेख को अपने रक्तचाप में वृद्धि और पुलिस वाले के प्रति गुस्से के साथ पढ़ेंगे। लेकिन क्या होगा अगर यह पता चले कि जिस पुलिस अधिकारी ने एक 14 वर्षीय लड़की को जबरन जमीन पर पटक दिया और उसे हथकड़ी पहनाई, उसने अपने सहकर्मी की जान बचाई, जिसके पास वह उसे चोट पहुंचाने के इरादे से हाथ में चाकू लेकर दौड़ी थी।... हो न हो आपका नजरिया बदलेगा!

## किसी समाचार की शुरुआत में करीबी प्रश्न पूछना

"क्या जॉन स्मिथ ने अपनी दादी के पैसे चुराए हैं?" यह प्रश्न कैसे बनता है, पहले से ही उस व्यक्ति से जुड़ा संदेह पैदा करता है जिसका नाम इसमें उपयोग किया गया है। हालांकि लेख यह नहीं बताता है कि अपराध का दोषी कौन है, फिर भी शीर्षक के शब्द हमें जॉन स्मिथ के बारे में नकारात्मक बनाते हैं। लेखक का उद्देश्य अपना अपराध साबित करना नहीं बल्कि पाठक में उसके प्रति अविश्वास पैदा करना है।

# सर्वेक्षण

हममें से जिसने भी कभी प्रतिशत आरेख, बार या तालिकाएँ देखी हैं, वह कह सकता है कि ये संख्याएँ किसी की राय को किसी भी छह-अंकीय संख्याओं से भी अधिक प्रभावित करती हैं। एक ही बात पर विभिन्न दृष्टिकोणों का प्रतिशत मजबूत हेरफेर विधि है। इसके अतिरिक्त, प्रस्तुत सर्वेक्षण परिणामों का वर्णन करने वाला एक संक्षिप्त पाठ हमें और भी अधिक आश्वस्त करता है। उदाहरण के लिए, "प्रस्तुत सर्वेक्षण में 90 प्रतिशत पोल्स ने कहा कि पार्टी X, पार्टी Y से कहीं बेहतर है।" हालांकि, इस कथन से सहमत होना कठिन है जब यह पता चलता है कि सर्वेक्षण उस देश के केवल 100 प्रतिनिधियों पर किया गया था जिसकी जनसंख्या लगभग 38 मिलियन है।

# बयानों को संदर्भ से बाहर ले जाना

जब आप अपने देश के राष्ट्रपति का यह बयान सुनते हैं कि "इस महामारी से लड़ना असंभव है।" तो आपकी भावनाएं क्या होती हैं? "जिसे मरना है, उसे मरने दें। क्या हम इसके बारे में कुछ नहीं कर सकते ?" क्या होगा यदि वे शब्द सत्य हैं, और उन्होंने वास्तव में ऐसा कहा है ? लेकिन क्या होगा अगर इस वाक्य की शुरुआत में उन्होंने कहा: "हमारे देश में ऐसे राजनेता हैं जो सोचते हैं..." और इस वाक्य को काट दिया गया। क्या इससे उनके प्रति आपका दृष्टिकोण बदल जाता है ? जी हाँ, आप सोचने पर मजबूर होंगे कि शायद इस महामारी का सामना करने के पीछे कुछ और कारण हैं।

# नकारात्मक संगति बनाना

तस्वीरें शब्दों से ज्यादा मजबूत बात कहती हैं और इस बात का इस्तेमाल मीडिया में अक्सर किया जाता है। कुछ समाचार लेखक टेक्स्ट को एक तस्वीर के साथ जोड़ते हैं जो लेख में वर्णित व्यक्ति को नहीं दिखाता है लेकिन उसकी नकारात्मक छवि बनाता है। उदाहरण के लिए, पोलिश अखबार के एक लेख में एक लेखक ने एक नन की अदालती सुनवाई का वर्णन किया और एक बूढ़ी, दुर्भावनापूर्ण, क्रोधित महिला की तस्वीर लगाई जो साधारण कपड़े पहने हुए थी और पाठक की ओर देख रही थी। दरअसल, वह नन का चेहरा नहीं था जिसे लेख में प्रस्तुत किया जा रहा था। हालांकि, उस पाठ को पढ़ने और चित्र देखने वाले लोगों को यह स्पष्ट होने लगा कि वह भयानक, अप्रिय, अपराध की दोषी महिला हो सकती है।

 

## अधिकार का आह्वान

सबसे लोकप्रिय हेरफेर तकनीकों में से संबंधित प्रोफेशनल द्वारा किसी बात को कहलवाना है, क्योंकि वह व्यक्ति संबंधित प्रोफेशन और प्रोडक्ट दोनों को आपस में जोड़ने का अधिकारी है। उदाहरण के लिए टीवी पर दिखाए गए सफेद मेडिकल ऐप्रेन पहने एक सज्जन ने कहा कि आपको कॉफी से परहेज करना चाहिए और टमाटर अधिक खाना चाहिए। ठीक है, क्योंकि वह एक डॉक्टर है और उसे सच्चाई पता होगी, क्योंकि वह अपनी स्थिति के कारण आपसे बेहतर कुछ जानता है। यहां इसका मतलब यह नहीं है कि जब स्वास्थ्य की बात आती है तो चिकित्सा विशेषज्ञ सही नहीं होते हैं, लेकिन मीडिया अक्सर उनका उपयोग आपके दिमाग में अपना दृष्टिकोण डालने के लिए करता है।

इस प्रकार हम देख सकते हैं कि ऐसी कई हेरफेर तकनीकें हैं जिनका उपयोग हर दिन सैकड़ों विज्ञापनों, लेखों या प्रभावशाली लोगों द्वारा किया जाता है। हमें उनके प्रभाव से बचने के लिए अच्छी तरह से जानकारी प्राप्त करनी चाहिए और इस तथ्य से अवगत होना चाहिए कि वे लोग चाहते हैं कि हम कुछ चीजों के बारे में उनके विशिष्ट तरीके से सोचें।

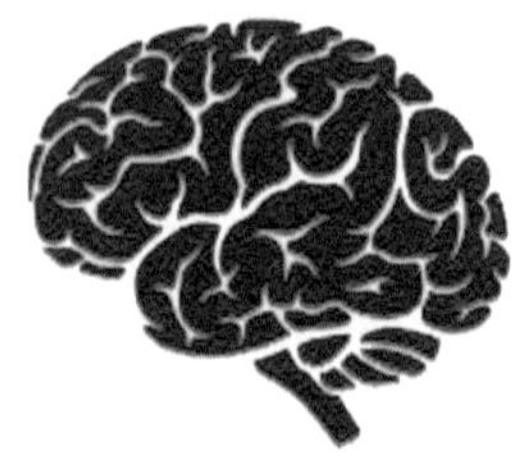

# सुरक्षा की भूमिका

हेरफेर के खिलाफ सुरक्षा के निर्माण में स्वीकृति एक महत्वपूर्ण कदम है, क्योंकि यह हमें वास्तविकता का सामना करने और उसके साथ शांति बनाने की अनुमति देती है। आत्म-स्वीकृति, स्वीकृति का एक महत्वपूर्ण रूप है जिसमें स्वयं से संतुष्ट होना और हेरफेर से बचाव के लिए जागरूकता बढ़ाना शामिल है। प्यार से अलग होना हेरफेर के खिलाफ एक बचाव है जो दूसरों के कार्यों की जिम्मेदारी लिए बिना उनके प्रति प्यार और करुणा दिखाने को प्रोत्साहित करता है, जबकि आत्म-जागरूकता बढ़ाने से किसी के स्वयं के व्यक्तित्व और मूल्यों को समझने में मदद मिलती है, जिससे जोड़-तोड़ करने वाले के लिए विचारों और धारणाओं को बदलना कठिन हो जाता है।

प्यार से अलग होना आत्मसम्मान का निर्माण करने और स्वयं के प्रति दयालु होने, नकारात्मक विचारों को चुनौती देने और दूसरों के साथ तुलना से बचने के द्वारा हेरफेर से बचाव के लिए एक महत्वपूर्ण स्व-सहायता तकनीक है। हेरफेर से बचाव के लिए, शांत तर्कसंगतता के साथ

स्थितियों का सामना करके अपनी प्रतिक्रियाओं को बदलना चाहिए, गुस्से में बाहर निकलने से बचना चाहिए, और खुद को केंद्रित करने और बेहतर प्रतिक्रिया के लिए गहरी सांस लेनी चाहिए।

जोड़-तोड़ करने वालों से सफलतापूर्वक निपटने के लिए मुखरता महत्वपूर्ण है, क्योंकि इसमें अपनी जरूरतों की वकालत करते हुए सम्मानपूर्वक संवाद करना, सीमाएं खींचना और प्रभावी गैर-मौखिक संकेतों का उपयोग करना शामिल है। कार्बोहाइड्रेट, ओमेगा-3 फैटी एसिड, विटामिन-बी और विटामिन-डी जैसे पोषक तत्वों का सही संतुलन शरीर में बनाये रखने से आत्मसम्मान में सुधार और अवसाद को रोकने में मदद मिल सकती है। स्वायत्तता का अर्थ है आपकी अपनी पहचान होना और एकमात्र व्यक्ति होना जो इसे नियंत्रित करता है, और इसका ख़ुशी से गहरा संबंध है। स्वायत्तता बनाए रखने और आत्म-सम्मान में सुधार करने के लिए, इस बात से सावधान रहें कि आप किसके साथ जुड़ना चाहते हैं, और मूलभूत मूल्यों को पकड़कर अपने जीवन पर नियंत्रण बनाए रखें।

अपने लिए कुछ समय "मेरे लिए समय" निर्धारित करें, स्पष्ट व्यक्तिगत सीमाएं बनाएं, और अपने जीवन पर नियंत्रण रखने और चालाकी करने वाले लोगों से अपनी पहचान की रक्षा करने के लिए लोगों को 'नहीं' कहना सीखें।

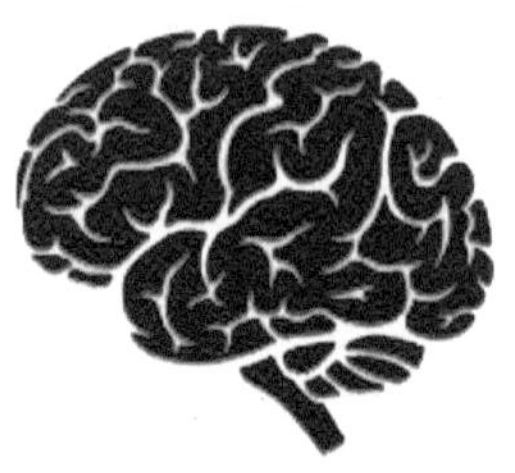

# ब्रेनवॉशिंग

ब्रेनवॉश करना रिश्तों में भावनात्मक शोषण का एक तरीका है। कुछ अहंकारी साथी ब्रेनवॉशिंग रणनीति में संलग्न होते हैं। यह किसी व्यक्ति के दिमाग पर नियंत्रण पाने का प्रयास करने का एक तरीका है। नार्सिसिस्टिक पार्टनर आम तौर पर अपने पीड़ितों के विचारों को प्रतिबंधित, नियंत्रित या बदलने की कोशिश करते हैं।

ब्रेनवॉशिंग एक पीड़ित के विचारों को उसके अस्तित्व के बारे में जोड़-तोड़ करके उन्हें नए विचारों में बदलने की एक क्रमिक प्रक्रिया है। जिसका उपयोग किसी व्यक्ति या समूह को नियंत्रित करने के लिए किया जा सकता है, अक्सर उन पंथों में देखा जाता है जहां उनके नेता में महान प्रभाव और करिश्माई व्यवहार की विशेषता होती है।

वैचारिक ब्रेनवॉशिंग एक खतरनाक रणनीति है जिसका उपयोग जोड़-तोड़ करने वालों द्वारा व्यक्तियों के दिमाग को नियंत्रित करने के लिए किया जाता है, विशेष रूप से उन लोगों के दिमाग को नियंत्रित करने के लिए, जो अपने फायदे के लिए अपनी मौजूदा मान्यताओं को जोड़-तोड़ करने वालों

की मान्यताओं से बदल देते हैं। एक जोड़-तोड़ करने वाला व्यक्ति विश्वास स्थापित करने और अपने लक्ष्य में हेरफेर करने के लिए चतुर परिधीय संघों, यूटोपिया के प्रदर्शनों और क्रमिक प्रकटीकरण का उपयोग करेगा, जिसके परिणामस्वरूप अक्सर पीड़ित को खुशी और स्वीकृति की भावना महसूस होती है। ब्रेनवॉशिंग का पीड़ितों पर गंभीर मनोवैज्ञानिक प्रभाव पड़ता है, जैसे पहचान की हानि, अभिघातज के बाद का तनाव विकार और जोड़-तोड़ करने वाले के नियंत्रण से बचने में असमर्थता। ऐसे कई तरीके हैं जिनसे मानवीय रिश्तों में ब्रेनवॉशिंग होती है। पहला कदम प्रेम बमबारी है जिसके बाद धमकी देना, ब्लैकमेल करना, रोकना, पीछे हटना, हावी होना, हमला करना, आलोचना करना, चालाकी करना, अपमानित करना, दोष देना और यहां तक कि यातना देना भी शामिल है।

## लव बॉम्बिंग

लव बॉम्बिंग ब्रेनवॉश करने का एक तरीका है। यदि आपका साथी आप पर बहुत अधिक स्नेह थोपने की कोशिश करता है और आपका बहुत अधिक ध्यान रखता है, तो आपको उसके इरादों पर संदेह करना चाहिए। इसके अलावा, बार-बार महंगे उपहारों की बौछार करना प्रेम बमबारी की रणनीति हो सकती है। वे ऐसा सिर्फ आपको रिश्ते में बांधे रखने के लिए करते हैं।

## निम्नीकरण

यदि आपका साथी आपको नीचा दिखाने और आपके आत्मसम्मान को खत्म करने की कोशिश करता है, तो यह ब्रेनवॉश करने की रणनीति हो सकती है। व्यंग्यात्मक टिप्पणियाँ, बहुत अधिक आलोचना करना, कमतर आंकना, चिल्लाना, अपमानित करना, धमकी देना और आपको दोषी महसूस कराने के लिए मौखिक रूप से हमला करना, ये सभी दुर्व्यवहार के लक्षण हैं। वे आप पर नियंत्रण पाने की कोशिश में ऐसा करते हैं।

## मौखिक हमले

अगर आपका पार्टनर हर पल आप में खामियां ढूंढने की कोशिश करता है या आपकी खामियों को बढ़ा-चढ़ाकर पेश करने की कोशिश करता है तो यह सिर्फ आपके दिमाग को नियंत्रित करने और आपको हीन महसूस कराने की कोशिश है।

## भावनात्मक धमकी

जब आपका साथी आपको बार-बार ब्रेकअप की धमकी देता है, तो यह आपसे कुछ करवाने के लिए आपको मनोवैज्ञानिक रूप से ब्लैकमेल करने का एक तरीका है। वह आप में डर पैदा करना चाहता है।

## प्रभाव

किसी का ब्रेनवॉश करने के पीछे मुख्य उद्देश्य स्वयं को शक्तिशाली महसूस करना या दूसरे पर नियंत्रण प्राप्त करना है। यदि आपका साथी हर बातचीत में 'अंतिम' शब्द बोलने की कोशिश करता है, तो यह ब्रेनवॉश करने के अलावा और कुछ नहीं है।

## चिंता

चिंता पैदा करना एक ऐसा हथियार है जिसका उपयोग ब्रेनवॉश करने वाले लोग करते हैं। अनुचित मांगें, धमकाना और भय पैदा करना आम बातें हैं जो दिमाग खराब करने वाले लोग करते हैं।

## अवास्तविक मानक और अपेक्षाएं

वे बहुत अधिक अपेक्षा करते हैं और यदि आप उनके मानकों पर खरे नहीं उतरते हैं, तो वे आपको एक बेकार व्यक्ति जैसा महसूस कराते हैं। यह सिर्फ आपका ब्रेनवॉश करने और आपको दोषी महसूस ठहराने का एक तरीका है।

## एकांत

वे आपको दूसरों से अलग कर देते हैं ताकि आपके पास अन्य स्रोतों तक पर्याप्त पहुंच न हो, जिससे आपको एहसास न हो सके कि आपका ब्रेनवॉश किया जा रहा है या आपके साथ दुर्व्यवहार किया जा रहा है।

## शोषण

ऐसे भी पति होते हैं जो अपनी पत्नियों का ब्रेनवॉश करते हैं और उनका आर्थिक, भावनात्मक और शारीरिक शोषण करते हैं। और कुछ पत्नियां भी ऐसी होती हैं जो अपने पतियों का ब्रेनवॉश करती हैं और विलासितापूर्ण जीवन जीने के लिए पूरे दिन उनसे कड़ी मेहनत करवाती हैं। तो, जो व्यक्ति ब्रेनवॉश में लग जाता है उसके पीछे शोषण एक मकसद होता है।

## ब्रेनवॉशिंग के लक्षण

भावनात्मक विस्फोट, बहस, बहुत सारा ड्रामा, मूड में अचानक बदलाव और हिंसक व्यवहार कुछ ऐसे लक्षण हैं जो उस व्यक्ति में दिखाई देते हैं जो रिश्ते में आपका दुरुपयोग करने की कोशिश करता है।

 द डार्क साइड ऑफ़ ह्यूमन साइकोलॉजी

# ब्रेनवॉश कैसे छिपता है?

आपके धैर्य और सीमाओं का परीक्षण करने के बाद अचानक वह व्यक्ति आप पर ढेर सारा प्यार और स्नेह बरसा देता है। वह ऐसा तब करते हैं जब आप टूटने के उस बिंदु पर पहुंच जाते हैं जहां आप रिश्ते से बाहर भागना चाहते हैं, रिश्ता ही खत्म कर देना चाहते हैं। फिर से अपने व्यवहार में मधुरता लाना या आपसे माफी मांगने लगना, यह सब सिर्फ आपको अच्छा महसूस कराने और रिश्ते में बने रहने के लिए है। ऐसे रिश्ते में रहना ठीक नहीं है।

## अपमानजनक रिश्तों में ब्रेनवॉश करना

अपमानजनक रिश्ते में रहना अक्सर यातना जैसा लगता है। कभी-कभी ऐसा इसलिए होता है क्योंकि आपके साथी का व्यवहार दुश्मनों द्वारा इस्तेमाल की जाने वाली यातना तकनीकों जैसा लगता है।

मनोविज्ञान शब्दकोश में ब्रेनवॉशिंग का अर्थ है, जब किसी व्यक्ति की भावनाओं, दृष्टिकोण और विश्वास में हेरफेर और संशोधन किया जाता है तो यह किसी व्यक्ति की मानसिक रूप से अपनी रक्षा करने की क्षमता को कम कर देता है और दूसरे व्यक्ति के लिए उन्हें नियंत्रित करना आसान बना देता है।

ब्रेनवॉशिंग इस बात का एक उदाहरण है कि कैसे रिश्तों में दुर्व्यवहार अत्याचार के समांतर होता है। ब्रेनवॉश करने से किसी लक्षित व्यक्ति को अपने अनुसार ढालना या उस पर रौब दिखाना आसान हो जाता है। और सबसे बड़ी बात यह है कि इतना सब होने के बावजूद व्यक्ति के लिए इस रिश्ते से मुक्त होने का रास्ता नहीं दिखता।

दुर्व्यवहार करने वाले लोग अक्सर अपने व्यवहार से पीड़ित लोगों की सोच को दिन-प्रतिदिन निष्क्रिय बना देते हैं जिससे उनके लिए स्पष्ट रूप से सोचना मुश्किल हो जाता है। वे दुर्व्यवहार करने वाले व्यक्ति की राय लेना शुरू कर सकते हैं और खुद को खो सकते हैं।

एक पुरुष या महिला जो अपने साथी की राय से प्रभावित है, उसे ठीक होने के लिए बहुत कम या बिल्कुल समय नहीं दिया जाता है, क्योंकि वह सामने वाले की मांगों को पूरी करने या उसके बेतुके प्रश्नों का जवाब देने में व्यस्त रहता है, उसके पास ज्यादा मानसिक ऊर्जा नहीं बचती। वे घटनाओं के साझेदार के संस्करण से इस हद तक प्रभावित हो सकते हैं कि उनके लिए अपने दृष्टिकोण को बनाए रखना मुश्किल हो जाता है। दुर्व्यवहार का निशाना बनने से जो चिंता पैदा हो सकती है, उससे स्पष्ट रूप से कुछ भी सोचना मुश्किल हो जाता है।

1956 में, अल्बर्ट बिडरमैन ने अध्ययन किया कि कैसे युद्धबंदी शिविर कर्मियों ने कोरियाई युद्ध के अमेरिकी कैदियों को सामरिक जानकारी दी, प्रचार में सहयोग किया और झूठे बयानों से सहमत कराया। बिडरमैन ने कहा कि शारीरिक दर्द पहुंचाना 'अनुपालन' को प्रेरित करने के लिए आवश्यक नहीं था। लेकिन मनोवैज्ञानिक हेरफेर उस उद्देश्य के लिए बेहद प्रभावी थे। उनकी रिपोर्ट में वह शामिल था जिसे **'बिडरमैन के जबरदस्ती चार्ट'** के रूप में जाना जाता है।

बिडरमैन के चार्ट का उपयोग कई लोगों द्वारा उन तत्वों का वर्णन करने के लिए किया गया है जो दुर्व्यवहार सहित विभिन्न स्थितियों में ब्रेनवॉश करने में योगदान करते हैं। उनके चार्ट में शामिल युक्तियों को उन विभिन्न तरीकों से जोड़ा जा सकता है जिनसे लोग अपने सहयोगियों के साथ दुर्व्यवहार करते हैं।

ब्रेनवॉशिंग के लिए सभी आठ तत्वों का मौजूद होना आवश्यक नहीं है। प्रत्येक तत्व में वास्तविकता को विकृत करने, धारणा में हस्तक्षेप करने, किसी व्यक्ति के आत्मविश्वास को कम करने और अनुपालन हासिल करने की कुछ शक्ति हो सकती है।

युद्ध बंदी शिविर में कैदी और जेलर दुश्मन होते हैं। सैनिकों और महिलाओं को आम तौर पर दुश्मन सेना द्वारा पकड़े जाने की स्थिति में ब्रेनवॉशिंग रणनीति से निपटने के लिए प्रशिक्षित किया जाता है।

## निष्कर्ष

डार्क साइकोलॉजी किसी को भी अपनी इच्छा से और दूसरे की इच्छा के विरुद्ध किसी के दिमाग को गुप्त रूप से नियंत्रित करने की अनुमति नहीं देती है। तो फिर डार्क साइकोलॉजी का उपयोग है क्या ?

## सामाजिक हेरफेर के लिए डार्क साइकोलॉजी

सामाजिक सेटिंग में लोगों द्वारा हेरफेर करने के लिए कई रणनीतियां और तकनीकें शामिल की जाती हैं जो पीड़ितों के लिए हानिकारक है। हम अनुनय के मनोविज्ञान और हेरफेर के मनोविज्ञान के बीच अंतर कर सकते हैं।

अनुनय और हेरफेर के बीच का अंतर यह है कि अनुनय से लक्षित को नुकसान होना आवश्यक नहीं है या फिर अनुनय कर्ता का लक्ष्य जानबूझकर नुकसान पहुंचाना नहीं भी हो सकता है। इसके बजाय हेरफेर के शिकार व्यक्ति को निश्चित रूप से नुकसान होता है। यह

नुकसान वित्तीय, भौतिक, भावनात्मक या उसकी व्यक्तिगत शक्ति व स्वतंत्रता की हानि के रूप में भी हो सकता है।

संक्षेप में, अनुनय लोगों को नुकसान नहीं पहुंचाता है, जबकि हेरफेर ऐसा करता है। उदाहरण के लिए, नाइके विपणन विभाग कह सकता है कि वे एक बेहतरीन उत्पाद से ग्राहकों को खुश करके अच्छा काम कर रहे हैं। कोई और कह सकता है कि नाइके लोगों को खराब गुणवत्ता वाले प्लास्टिक के टुकड़ों के लिए अधिक भुगतान करने के लिए हेरफेर कर रहा है। मैकडॉनल्ड्स के विपणन विभाग या पेस्ट्री शॉप के लिए भी यही कहा जा सकता है।

लेकिन कई बार सब कुछ जानते हुए भी अनुनय और हेरफेर के बीच अंतर करना मुश्किल हो जाता है।

## रिश्तों में गहरा मनोविज्ञान

रिश्तों में डार्क मनोविज्ञान शक्ति हासिल करने और अपने साथी को नियंत्रित करने के लिए मनोवैज्ञानिक सिद्धांतों को लागू करता है।

उदाहरण के लिए, प्रत्येक साथी नाममात्र के लिए एक प्रतिबद्ध संबंध बनाए रखकर, सभी यौन और भावनात्मक लाभों के साथ लाभ प्राप्त कर सकता है। साथ ही अपने पक्ष में अधिक सेक्स की तलाश भी कर सकता है – ऐसी मानसिकता धोखे का कारण बन सकती है।

## राजनीति में अंधकारमय मनोविज्ञान

राजनीति के अंधेरे मनोविज्ञान में, किसी प्रतिद्वंद्वी को नकारात्मक रूप से फंसाने, मतदाताओं को प्रभावित करने और नागरिकों को व्यक्तिवादी व्यवहार को त्यागने हेतु प्रेरित करने के लिए प्रचार और राजनीतिक बहस की तकनीकें शामिल हैं।

राजनीतिक अंधेरे मनोविज्ञान के कई स्तर हैं, और हग उन्हें दो प्रमुख समूहों में विभाजित कर सकते हैं: अभियानों के दौरान, और कार्यालय में। लोकतंत्र में, ये दो चरण ओवरलैप हो सकते हैं क्योंकि सत्ता में बैठे राजनेता अगले चुनावों के लिए प्रचार कर रहे हैं और आप अभियान से कार्यालय तक एक उल्लेखनीय बदलाव देख सकते हैं:

## अभियानों के दौरान

- प्रतिद्वंद्वी को अप्रभावी और अयोग्य करार देना।

- वर्तमान स्थिति को निराशाजनक बताया जाना।

- स्थिति को ठीक करने वाले व्यक्ति के रूप में स्वयं को तैयार करना।

- चरम स्थितियों में एक शत्रु बना कर, उस शत्रु को नष्ट करने के लिए स्वयं को सही व्यक्ति के रूप में चित्रित करना।

## एक बार सत्ता में

- स्थिति को सकारात्मक रूप में प्रस्तुत करना।

- चीजें अच्छी चल रही हैं, इसका व्यक्तिगत श्रेय लेना।

- खराब चल रही चीजों के लिए बलि का बकरा खोजना।

- समूह के पक्ष में तर्क संगत स्वार्थ को छोड़ने के लिए राष्ट्रवाद के आदर्शों को बढ़ावा देना ( जिससे अंततः उन समूहों का नेतृत्व करने वाले राजनेताओं को लाभ होता है); अंतिम चरण कई समूहों में आम है।

सरकारी अधिकारियों को वास्तव में समूह के नेताओं के रूप में देखा जा सकता है। और चरमपंथी सरकारों के मामले में, निरंकुश लोग उसी तरह कार्य करते हैं जैसे पंथ के नेता और घृणित समूहों के नेता अंधेरे मनोविज्ञान के समान सिद्धांतों का उपयोग करके कार्य करते हैं।

इसमें शामिल है:

- दुश्मन बनाना।

- चरमपंथी मूल्यों और धार्मिक उत्साह के माध्यम से समूह में एकजुटता बढ़ाना।

- डर पैदा करना और खतरे से प्रभावी ढंग से निपटने के लिए खुद को एकमात्र व्यक्ति के रूप में तैयार करना।

- ध्यान भटकाने की युक्ति के रूप में क्रोध भड़काना।

## समूहों में डार्क मनोविज्ञान

डार्क मनोविज्ञान नेताओं की शक्ति और नियंत्रण को बढ़ाते हुए अनुयायियों की शक्ति और स्वतंत्रता को कम करना चाहता है। क्योंकि अधिकांश समूह नेता सदस्यों की शक्ति और स्वतंत्रता को कम करना चाहते हैं जबकि समूह के उन्हीं सदस्यों पर अपनी शक्ति और प्रभाव

 द डार्क साइड ऑफ़ ह्यूमन साइकोलॉजी

को बढ़ाना चाहते हैं। लोगों को समूह पर अधिक निर्भर बनाने के लिए, समूह के नेता अंधेरे मनोविज्ञान की कई रणनीतियाँ लागू करेंगे, जिनमें शामिल हैं:

- **लोगों की समस्याओं को वास्तविकता से अधिक बड़ा दिखाना**: ताकि लोगों को ऐसा महसूस हो कि उन्हें हल करने के लिए समूह और समूह नेता की आवश्यकता होगी।

- **उपहास करना, शक्तिहीन करना या असंगत आवाज़ों को बाहर करना**: पंथ के नेता सभी असंगत विचारों को ख़त्म करना चाहते हैं। चूँकि यह शायद असंभव हो जाए इसलिए समूह के नेता किसी भी असंगत आवाज़ को 'मूर्खतापूर्ण', 'बेख़बर' या 'हेरफेर' के रूप में प्रस्तुत करते हैं ताकि वे अपना प्रभाव डाल सकें और अनुयायियों को समूह के आदेशों और हठधर्मिता के प्रति वफादार बनाए रख सकें।

समूहों में अधिक डार्क मनोविज्ञान तकनीकें हैं:

- **व्यक्ति पर समूह की श्रेष्ठता को बढ़ावा देना**: व्यक्तिवाद और व्यक्तिगत स्वतंत्रता के मानवतावादी और प्रबुद्ध आदर्श समूह के नेताओं के लिए खतरा हैं। इसलिए वे किसी भी व्यक्ति पर समूह को प्राथमिकता देना चाहते हैं। जितना अधिक लोग समूह के लिए खुद को बलिदान करते हैं, उनके पास उतनी ही अधिक शक्ति होती है।

- **समूह के साथ सदस्यों के अहंकार को विघटित करना**: जितने अधिक सदस्य समूह के साथ अपनी पहचान जोड़ेंगे, समूह के नेता की अपने सदस्यों पर उतनी ही अधिक शक्ति होगी।

- **समूह को नेता के साथ मिलाना**: अंधेरे मनोविज्ञान का अंतिम चरण नेता के लिए समूह को मूर्त रूप देना है। इस तरह, वह अपने सदस्यों पर पूर्ण नियंत्रण प्राप्त कर सकता है। इस बिंदु पर, अब कोई समूह नहीं है, केवल नेता और उसके अनुयायी हैं जो नेता के लिए इस समूह में हैं।


## युद्ध में अंधकारमय मनोविज्ञान

डार्क मनोविज्ञान आतंक पैदा करने, मानसिक रूप से दुश्मन पर हावी होने या इस तरह से अस्थिर करने का प्रयास करता है जिससे उसकी लड़ने की क्षमता में बाधा उत्पन्न हो और आदर्श रूप से, उनकी लड़ाई और प्रतिरोध निरर्थक प्रतीत हों। युद्ध के दौरान चालाकीपूर्ण संचार दुश्मन को बर्बर और क्रूर बनाता है, और उस दृष्टिकोण को यथासंभव व्यापक रूप से फैलाता है।

## डार्क साइकोलॉजी ऑन द एयर

युद्ध के दौरान, जनता की राय को नियंत्रित करने और प्रभावित करने के लिए मनोविज्ञान को और भी अधिक प्रभावी ढंग से तैनात किया जाता है। युद्धकालीन हेरफेर में पांच अलग-अलग तत्व होते हैं:

- अपने आप को 'अच्छे' के रूप में प्रस्तुत करना: आदर्श रूप से, 'पवित्र' के रूप में या जहां भी आप लड़ने जा रहे हैं वहां 'अच्छे' को निर्यात करने की ज़िम्मेदारी के रूप में।

- शत्रु को दुष्ट के रूप में प्रस्तुत करना: शत्रु दमनकारी, कूर या इससे भी अधिक, हमारे जीवन जीने के तरीके या हमारे अस्तित्व के लिए खतरा है।

- जीत को आसान व स्पष्ट कहना: बहुत कम लोग वास्तव में उस युद्ध को लड़ना चाहते हैं। इसलिए इसे एक त्वरित और आसान व्यवसाय की तरह प्रस्तुत किया जाता है।

- युद्ध की वास्तविक लागत छुपाना: कोई भी उस युद्ध के लिए भुगतान नहीं करना चाहता। इसलिए लागत छिपाकर, ऐसा दिखाना कि लोगों को इससे फायदा होगा।

- सच्ची भावनात्मक लागत छिपाना: मृत बच्चों वाली मांओं और अपने मृत माता-पिता के शवों पर रोते हुए बच्चों से हताहतों की संख्या को छिपाया जाता है क्योंकि कोई भी यह नहीं देखना चाहता कि हमारा पवित्र युद्ध मृत्यु और पीड़ा ला रहा है।

## प्रेरक संचालन शक्ति

डार्क साइकोलॉजी कूरता को अनियंत्रित बनाए रखने के लिए कवर प्रदान कर सकती है। बड़े बजट वाले देश उनके युद्धों के बारे में दुनिया क्या सोचती है, इसे नियंत्रित करने के लिए डार्क साइकोलॉजी में संलग्न हैं। सूचनात्मक युद्ध पर हावी होकर, अधिक शक्तिशाली देश आधुनिक उपनिवेशवाद और आक्रमणों में उलझे रह सकते हैं, बिना लोगों को यह एहसास हुए कि वे वास्तव में क्या कर रहे हैं।

उदाहरण के लिए, पश्चिम में कुछ लोग इजराइल को एक धमकाने वाली, हमलावर शक्ति के रूप में सोचेंगे। ऐसा इसलिए है क्योंकि कई प्रमुख मीडिया आउटलेट फिलिस्तीन को पीड़ित के रूप में पेश करते हैं, और फिलिस्तीनी लड़ाकों को अक्सर 'आतंकवादी' कहा जाता है।

## बिजनेस में डार्क साइकोलॉजी

व्यवसाय में अंधकारपूर्ण साइकोलॉजी(डार्क साइकोलॉजी) कर्मचारियों को संगठन के पक्ष में अपने व्यक्तिगत स्वार्थ को त्यागने के लिए प्रेरित करती है, जबकि वे अपने वास्तविक योगदान का केवल एक छोटा- सा हिस्सा ही स्वीकार करते हैं। डार्क साइकोलॉजी मनोविज्ञान की एक औपचारिक और मान्यता प्राप्त शाखा नहीं है। 'डार्क साइकोलॉजी' या इस पर कोई औपचारिक शिक्षा पाठ्यक्रम के रूप में लेबल किए गए शोध जैसी कोई चीज़ नहीं है। इसलिए यदि आप वेब पर इस पर शोध करते हैं तो आपको इस विषय पर बहुत सारी संदिग्ध साइटें और किताबें मिलती हैं। हालांकि, इसका मतलब यह नहीं है कि डार्क मनोविज्ञान स्वयं अप्रभावी है या पूरी तरह से अप्रमाणित है।

डार्क साइकोलॉजी प्रभावी है क्योंकि डार्क साइकोलॉजी मनोविज्ञान है। डार्क साइकोलॉजी केवल मनोविज्ञान है और सामान्य रूप से हानिकारक और अपमानजनक उद्देश्यों के लिए लागू किया जाता है।

प्राचीन काल से ही लोग जैसा चाहते हैं उसे पूरा करने के लिए सरल सहज मानवीय भावनाओं से खेलकर एक-दूसरे के साथ छेड़छाड़ करते रहे हैं। जब गैर-मौखिक संचार और शारीरिक भाषा सीखने की बात आती है तो व्यापार के गुण सीखकर, कोई भी किसी भी स्थिति में दूसरों पर बढ़त हासिल कर सकता है।

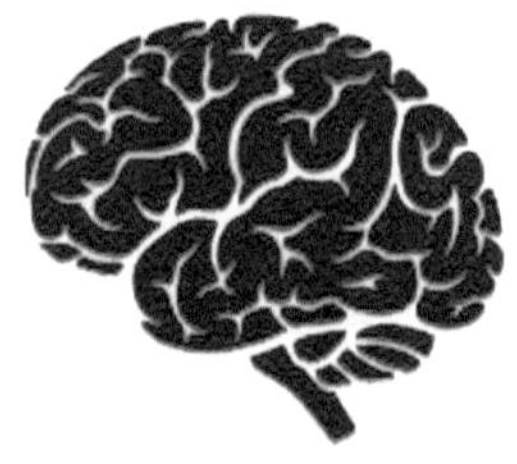

# मनोवैज्ञानिक अनुसंधान संबंधी उदाहरण

## ऐश अनुरूपता प्रयोग (1951)

ऐश प्रयोग धोखे के उपयोग का एक अच्छा उदाहरण है जहां प्रतिभागियों को होने वाली हानि न्यूनतम थी। सोलोमन ऐश यह अध्ययन करना चाहते थे कि समूह सामाजिक दबाव अनुरूपता को कैसे प्रभावित करता है। उन्होंने लोगों से लाइन खंडों की लंबाई को समान आकार के अन्य खंडों के साथ मिलान करने के लिए कहा। केवल पंक्ति की लंबाई का मिलान करने पर विषय लगभग 100 प्रतिशत सटीक थे। उसके बाद उनके सहयोगी प्रतिभागियों के निर्णयों से असहमत थे। उन्होंने पाया कि लगभग एक-तिहाई ने तब कहा कि वे संघ वादियों से सहमत थे, भले ही संघवादी गलत थे, इस प्रकार सामाजिक दबाव का प्रभाव प्रदर्शित हुआ। हालांकि इस प्रयोग में



द डार्क साइड ऑफ़ ह्यूमन साइकोलॉजी

धोखे का इस्तेमाल किया गया था, निष्कर्ष का मूल्य प्रतिभागियों द्वारा अनुभव किए गए नुकसान के स्तर से अधिक प्रतीत होता है।

## लुटेरों की गुफा का प्रयोग (1954)

मुज़फ़्फ़र शेरिफ़ के प्रयोग का लक्ष्य यह देखना था कि पांचवीं कक्षा के लड़कों का एक समूह, अंतर समूह संघर्ष को कैसे संभालता है। शेरिफ़ और उनकी टीम द्वारा लड़कों के दो समूहों को एक ग्रीष्मकालीन शिविर की स्थापना में लाया गया और फिर उन्हें किसी कार्य हेतु एक साथ लाने का प्रयास करने से पहले, एक-दूसरे के खिलाफ खड़ा करने के लिए आगे बढ़े।

इसके बाद उन्हें एक साथ काम करने के लिए मजबूर किया गया। पूरा प्रयोग भ्रामक था; लड़कों का मानना था कि वे ग्रीष्मकालीन शिविर में भाग ले रहे थे, समूह गतिशीलता के किसी सामाजिक प्रयोग में भाग नहीं ले रहे थे। सबसे पहले लोगों के अनजाने समूहों के बीच संघर्ष को आमंत्रित करने की कोशिश करना, संदिग्ध नैतिकता है। यह तथ्य कि ये विषय पांचवीं कक्षा के थे, इसे और भी विवादास्पद बनाता है। हालांकि इस प्रयोग ने अंतर-समूह सामाजिक गतिशीलता की शक्ति का प्रदर्शन किया, लेकिन बच्चों के साथ इस तरह के हेरफेर से उत्पन्न धोखे के उपयोग की आलोचकों द्वारा खूब आलोचना की गई।

## मिलग्राम का आज्ञाकारिता प्रयोग (1963)

स्टेनली मिलग्राम ने एक प्राधिकारी व्यक्ति के निर्देशों के प्रति किसी व्यक्ति की आज्ञाकारिता को मापने के लिए एक प्रयोग किया। प्रतिभागियों को उन लोगों को बिजली के झटके देने के लिए कहा गया था जिनके बारे में उन्हें लगता था कि वे साथी शोध विषय थे (वे वास्तव में संघवादी थे)। नि:संदेह, प्रतिभागियों को झूठा विश्वास दिलाना कि वे दूसरों को पीड़ा पहुँचा रहे हैं, धोखे का एक प्रमुख रूप है किंतु आज के समय में इसकी अनुमति नहीं दी जाएगी। उस समय के लिए भी, यह नैतिक रूप से संदिग्ध था। हालांकि, उसके निष्कर्षों से यह समझ मिली कि जर्मनियों ने द्वितीय विश्व युद्ध में अत्याचार क्यों किए थे।

## भूरी आंखें बनाम नीली आंखें प्रयोग (1968)

जेन इलियट मनोवैज्ञानिक नहीं थीं, वह आयोवा में तीसरी श्रेणी की ग्रामीण शिक्षिका थीं। मार्टिन लूथर किंग की हत्या के बाद, वह अपने छात्रों को यह सिखाना चाहती थीं कि भेदभाव करने पर कैसा महसूस होता है। इसलिए, अपने विद्यार्थियों को बताए बिना उन्होंने एक प्रयोग

किया। उन्होंने उन्हें बताया कि उनकी आंखों का रंग निर्धारित करता है कि वे एक-दूसरे से बेहतर हैं या नहीं। पहले दिन, नीली आंखों वाले बच्चों को बताया गया कि वे होशियार, साफ-सुथरे और अच्छे हैं। इसके बाद वह भूरी आंखों वाले बच्चों की तुलना में नीली आंखों वाले बच्चों के साथ बेहतर व्यवहार करने लगीं। अगले दिन उन्होंने प्रयोग उलट दिया। उन्होंने पाया कि बच्चों की भावनाएँ और व्यवहार कक्षा के भीतर उनकी स्थिति को दर्शाते हैं। यह एक मूल्यवान परिणाम था, हालांकि आज तीसरी कक्षा के छात्र की भावनाओं के साथ इस तरह के हेरफेर की अनुमति नहीं दी जाएगी।

## बाईस्टैंडर प्रभाव प्रयोग (1968)

किटी जेनोविस की हत्या के बाद, वहां के उदासीन दर्शकों की समाज निर्माण में काफी रुचि पैदा हुई। मनोवैज्ञानिक बिब लाटेन और जॉन डार्ले इस बारे में और अधिक जानना चाहते थे कि जब कोई व्यक्ति आपात स्थिति का सामना कर रहा होता है तो अन्य लोगों को मदद के लिए क्यों नहीं बुलाता। उन्होंने एक प्रयोग किया जिसके तहत उन्होंने प्रतिभागियों को उनकी प्रतिक्रिया जानने के लिए यह विश्वास दिलाया कि अगले कमरे में किसी को मिर्गी का दौरा पड़ रहा है। उन्होंने पाया कि जब लोग आसपास होते हैं तो अन्य लोगों की तुलना में जब वे अकेले होते हैं तो उनकी प्रतिक्रिया देने की संभावना अधिक होती है। इसने 'जिम्मेदारी के प्रसार' की अवधारणा पेश की। हालांकि यह सामाजिक मनोविज्ञान में एक महत्वपूर्ण अवधारणा थी, लेकिन इससे प्रतिभागियों को जो परेशानी हुई होगी, वह आज इसे अस्थिर बना देगी।

*****

 द डार्क साइड ऑफ़ ह्यूमन साइकोलॉजी

# Voyages musicaux à travers l'Angleterre

George Veau

Writat

Cette édition parue en 2024

ISBN : 9789359945798

Publié par
Writat
email : info@writat.com

# Contenu

# AU

GOUVERNEURS de l'HÔPITAL pour l'Entretien et l'Éducation des Jeunes Enfants exposés et abandonnés.

MESSIEURS,

*Pendant que j'extrayais les feuilles suivantes de mon volumineux journal et que je les reliais ensemble aussi précisément que possible, afin de présenter au public un échantillon de ma laborieuse enquête sur l'état actuel de la situation,* MUSIQUE *dans mon pays natal, je ne savais pas trop à qui je pourrais inscrire mon œuvre avec le plus de convenance. Que ce soit pour* DOCTEUR BURNEY *, en tant qu'inventeur original de ce type de composition et premier voyageur musical de notre nation, à qui je suis si redevable pour le plan et la conduite de mon livre, et dont je pourrais vraiment dire dans ses propres mots , « qu'il a longtemps été mon* magnus Apollo *: » — ou si j'étais tenu de rendre hommage au roi de* Prusse *, comme le plus grand artiste* dilettante *de l'époque ; qui, je suppose, à l'heure où nous écrivons, comme un autre* Néron *, joue son nouveau* Solfeggi *aux gémissements mourants des* Dantziggers obstinés *; — ou si je ne dois pas faire sortir de son obscurité ce vénérable juge, qui se contentait de plaisirs moins ambitieux. , cultive les beaux-arts par des expériences plus humbles et plus modestes, mais non moins curieuses, et amuse les heures de loisirs de longues vacances à* caponner des merles [1] *; ou si je ne ferais pas bien d'exprimer ma gratitude, et celle de la nation, aux honorables directeurs de notre Opéra, pour avoir enfin daigné permettre à une* Anglaise *de s'appeler* Signora *, et en vertu de ce titre de partager une partie de les revenus princiers qui ont été jusqu'ici prodigués aux* Italiens *et que, j'ose dire, ces dignes nobles et messieurs accorderaient tout aussi facilement aux* HOMMES anglais *, s'ils consentaient à être dûment* qualifiés. *Ce dilemme, cependant, a pris fin dès que j'ai appris que le Dr* Burney *et* Signor Giardini *venaient, sous votre autorité, de fonder une école de musique (à l'imitation, je suppose, des* Conservatoires italiens *) en le* L'HÔPITAL DES ENFANTS TROUVÉS *, où une centaine d'enfants pauvres, qui ont été jusqu'ici placés dans des métiers et des services, dans lesquels ils n'avaient aucune possibilité de faire* du bruit *dans le monde, seront à l'avenir formés à l'harmonie dès leur plus jeune âge. , et constamment employé à l'étude de la musique ; jusqu'à ce qu'au fil du temps, ils obtiennent leurs diplômes réguliers de* docteurs *et* de doctoresses *en musique, et en ressortent, suffisamment accomplis (comme ils doivent l'être sous la direction de tels maîtres) pour former le goût national, selon le véritable* standard italien *. Quand j'ai été informé de cet événement, j'ai salué l'heureux présage, l'aube d'une* ère augustéenne *; et résolu d'offrir mon hommage de félicitations et d'applaudissements, et de dédier cet ouvrage à un groupe de messieurs, qui ont si distingué leur zèle pour l'intérêt et l'avancement de la musique. Peut-être paraîtra-t-il au premier abord une entreprise audacieuse de la part des tuteurs d'orphelins abandonnés, soutenus principalement par des subventions parlementaires de l'argent public, de déclarer qu'ils ne peuvent pas être entretenus par le public dans un but plus utile que celui d'apprendre à chanter et à jouer. Des airs* italiens *. Car des hommes d'esprit étroit et contrasté, qui n'ont* *ni* oreille , *ni* voix , *ni* main , *imagineront encore qu'il pourrait s'avérer d'une plus grande utilité nationale, d'élever ces enfants adoptés du public à l'élevage, à la navigation, etc. les objets de leur destination initiale ; que de transformer l'une de nos plus nobles œuvres de charité publique en une pépinière pour l'approvisionnement en artistes musicaux de nos théâtres, de nos jardins et de notre houblon. — Mais c'est un préjugé vulgaire. L'amélioration des beaux-arts devrait être le premier objet de l'attention du public à une époque de luxe.* LA PAIX *et l'abondance, comme le présent ; quand nous aurons rivalisé avec les* Italiens *en musique, il sera temps de penser à notre marine et à notre agriculture. Nous avons déjà (à notre grande honte, soit-il dit) de meilleurs marins que de violoneux, et plus de fermiers que* de contrepointistes . *Mais comme je suppose que cette circonstance provient entièrement du degré différent d'encouragement que ces occupations ont reçu jusqu'à présent ; Je ne désespère pas de voir le contraire se produire, lorsque des messieurs de votre rang daigneront se lever et corriger les erreurs du public, par l'influence et la sanction de votre exemple. Si des obstacles surgissaient pour empêcher l'exécution immédiate de votre plan, dus à des restrictions parlementaires obsolètes mais non abrogées, sans doute les mêmes législateurs qui ont si volontiers dépensé l'argent public pour l'achat de la* collection *de vases antiques et de raretés* étrusques *de* Sir William Hamilton , *non seulement abrogera tout acte antérieur qui pourrait vous gêner ; mais réjouissez-vous d'une nouvelle occasion de manifester leur bon goût et leur amour des arts, en imposant un impôt supplémentaire sur ceux des nécessités de la vie qui ne sont pas déjà surchargées, afin de réunir une somme suffisante pour l'achat des meilleures* Crémones , *et autres instruments qu'on peut se procurer sur le continent, pour le service de votre* Académie . *Je n'ai qu'à ajouter, messieurs, que si en parcourant les feuilles suivantes vous découvrez, comme j'en suis persuadé, que mes voyages sont aussi* [2] *dans une certaine mesure, une question d'intérêt national ; J'espère que vous aurez la gentillesse d'appuyer ma demande au Parlement, afin que les frais de mes futures expéditions soient payés aux dépens publics. Ceci, messieurs, peut être fait par une clause très courte ; et comme cela me permettra de poursuivre mes recherches avec esprit, crédit et succès, cela imposera une obligation durable sur,*

*Messieurs,*

*Votre très obéissant,*

*et humble Serviteur dévoué,*

Joël COLLIER .

---

[1] Voir le dernier Vol. des *Transactions Philosophiques* .

[2] — « Il a été le premier à penser que mon voyage était, dans une certaine mesure, une question d'intérêt national. »

TOURNÉE EN ALLEMAGNE, ETC.

---

The linked image cannot be displayed. The file may have been moved, renamed, or deleted. Verify that the link points to the correct file and location.

# VOYAGES MUSICAUX, etc.

JE SUIS né dans la paroisse de *Gotham* , dans le comté de *Nottingham* : mon père était scieur, et ma mère avait, pendant de nombreuses années avant son mariage, crié des huîtres et du saumon de Newcastle dans les rues de Londres. Aucun d'eux n'aurait été remarquable par ses talents vocaux ou instrumentaux. La voix de ma mère était en effet extrêmement aiguë et dissonante, comme les voisins m'en ont informé de manière crédible ; cependant, à peine né, je donnai des preuves de penchants musicaux peu communs. Je suis entrée dans le monde en chantant au lieu de pleurer ; du moins, mon cri était vraiment mélodieux et ravissait les oreilles de la sage-femme ; cependant, je dois l'avouer, la vieille sorcière envieuse d'infirmière a fait semblant que ma mère et Mme *Midnight* se sont trompées sur l'origine des notes sauvages que j'ai prononcées dès que j'ai vu la lumière ; et, insistant sur le fait qu'ils dénotaient seulement une colique du vent, elle m'a immédiatement aspergé d'une grande dose de rhubarbe : cependant, elle a franchement avoué qu'elle me chantait facilement pour m'endormir chaque fois que j'étais maussade, et que même au moyen d'une mélodie aussi simple comme *Jack Sprat* , ou *hé Diddle Diddle, le chat et le violon* . Un récitatif dur et menaçant me dissuaderait aussi bien d'un vilain tour qu'un bon coup de fouet. Le son d'un tambour, ou de toute autre musique martiale, avait un effet si immédiat sur mes nerfs, que j'étais toujours obligé d'être séché avant que le morceau ne soit à moitié fini. La fameuse *marche de Saül* est trop puissante pour moi, même aujourd'hui, même si je peux en supporter une autre, sans être offensante. En effet, je suis si bien convaincu du lien entre le son et le sens dans toute bonne musique, que j'oserai prescrire *la pièce d'eau de Haendel* et *l'eau séparée de la mer* comme spécifiques d'une strangurie. Je sais qu'il y a une grande vérité dans ce que dit *Shakespeare* de la cornemuse ; et j'ai observé qu'un jockey siffle toujours son cheval dans ces occasions, ce qui ne manque jamais de produire de grands effets, même si l'exécutant a toujours besoin d'un brillant d'exécution.

Une des premières circonstances dont je me souviens moi-même dans mes premières années, fut le grand plaisir que j'éprouvais à entendre un garçon aveugle jouer des airs sur une vessie d'air pressée entre une baguette d'arc et sa corde. La guimbarde attira ensuite mon attention ; et ensuite la cornemuse et le basson. En effet, je me souviens que ma grand-mère m'avait dit que, lorsque j'étais encore en manteau, je prenais un grand plaisir à pincer la queue de la portée de porcs du pasteur et j'écoutais leurs diverses notes et tons du *fa* dièse du gémissement. du moindre de la famille, jusqu'au *bémol* du sanglier lui-même. Ceci, avec mon attention portée à mon corail, mes cloches et mon hochet, chantant à travers un peigne et du papier brun, ainsi que la grande habileté que j'ai montrée par la suite dans la fabrication de sifflets à partir de roseaux et de l'écorce récente de brindilles de sycomore, ont fait le plus ancien les gens de la paroisse prédisent que je deviendrai un jour ou l'autre un grand et célèbre musicien.

Mon goût pour l'art frère de la musique, la poésie, a également été, à ce que j'ai appris, observé très tôt dans mon enfance ; comme je tenais toujours la bouche grande ouverte, quand le Psaume était chanté dans notre église paroissiale ; et fut bientôt capable de répéter sans livre une grande partie de l'excellente version de *Sternhold* et *Hopkins* de ce grand interprète Dilettanti à la harpe, les pièces du roi *David*.

Ayant été bien informé de l'enfance et même des années de maturité du grand Mus. D. ou docteur musical (que j'appelle, *par excellence*, DR. MUS) a passé à peu près de la même manière et avec des attentes similaires de la part de toutes les vieilles dames de sa connaissance ; et ayant observé avec quel *éclat* , et même avec l'approbation universelle de tous les gens de goût, son ingénieux récit de ses ingénieux voyages a été reçu, j'ai conçu le projet de suivre un exemple si illustre et de voyager à travers les domaines de *l'Angleterre* , *de l'Écosse* et *de l'Irlande*. , avec la ville de *Berwick* upon *Tweed* , pour donner un véritable état de l'amélioration et de la progression musicale dans ces royaumes ; et j'espère que je pourrai me flatter que le Dr lui-même applaudira à mon entreprise et la considérera comme un complément approprié à son travail élaboré.

Avant de partir en voyage, j'ai choisi de changer mon nom de *Collier* à *Coglioni* ou *Collioni* , comme plus euphonique ; et le premier avril, après m'être arraché des bras de ma femme en pleurs et de mes quatre jeunes enfants, j'ai mis mon basson dans un sac vert et je l'ai passé sur mes épaules ; mon grand violoncelle était posé sur mes genoux alors que j'étais assis dans le chariot, et mes vêtements, avec une bouteille d'eau-de-vie et quelques biscuits, étaient emballés dans l'étui à viole. Comme je n'ai été ni patronné ni affranchi lors de mon voyage par aucun Seigneur Dilettanti, je dois avouer que le mauvais état de ma situation et la pauvreté dans laquelle j'avais laissé ma famille ont mouillé mon moral ; mais cela était toujours bientôt dissipé par un air de violoncelle, et en me rappelant les grands avantages que mes voyages, pour enquêter sur l'état de la musique dans cette île, représenteraient pour mon cher pays natal, et la renommée et la gloire que j'acquerrais dans la publication de mon travail, peut-être seulement inférieur à celui du grand Dr *Mus* lui-même.


IL A VOLÉ sur les terres et les mers ,
Il a vu l'Europe, et l'Europe l'a vu aussi.
À travers les terres du chant ou des esclaves dansants,
Des bois aux échos d'amour et des vagues au son du luth.
O tandis qu'au fil du temps, ce nom

L'expansion vole et rassemble toute sa renommée ;
Dis, mon petit serviteur à la barque doit-il naviguer,
Poursuivre le triomphe et participer au vent ?

# LINCOLN.

AINSI de temps en temps, le chariot arriva à la célèbre et ancienne ville de *Lincoln* . Ma première visite fut chez une jeune femme possédant de grandes connaissances musicales. Elle me reçut d'un air des plus envoûtants, qu'elle chanta sur sa guitare, car elle avait entendu parler de ma renommée à *Gotham* , et n'était pas indifférente à mon dessein ambulatoire : son nom à l'origine était *Fernihough* , mais elle avait depuis longtemps abandonné la *maison* à la fin, comme gothique et inharmonieux. Ainsi elle me salua :

« Cher Collioni, Collioni, Collioni ;

Cher, cher, cher Collioni ;

Heureux, heureux, Gotham, Gotham ;

Gotham, Gotham, joyeux Gotham.

Je ne pouvais que m'incliner et sourire en réponse à ce compliment (qu'en effet, bien que très élégant, je ne considérais pas qu'il était au-dessus de mes mérites), car je n'avais pas de sonnet improvisé prêt pour y répondre.


Puis, me prenant la main d'un air délicieux, elle me présenta au docteur *Dilettanti* , un chronométreur des plus illustres ; il restait assis, réfléchissant et battant avec son pied, et saisit et quittait ma main dans le même laps de temps qu'il mesurait par les pulsations de son pied.

« Excusez, dit-il, illustre *Collioni* , la manière mesurée de mes gestes en vous saluant ; mais je me suis habitué depuis longtemps à mesurer les parties du temps sur une variété d'instruments sonores, et je l'ai enfin introduit dans tous les mouvements de mon corps. Chez moi, monsieur, vous apprendrez à couper votre viande et à remuer vos mâchoires au dîner en temps commun ou triple, selon les instruments qui accompagnent nos repas. —— En distribuant les cartes au quadrille, comme il est facile de juger si le monde a de l'oreille !... ce monsieur qui s'approche de notre fenêtre, voyez comme il balance ses bras au rythme exact, vrai comme le pendule d'une horloge. Je peux vous assurer, monsieur, qu'il est excellent au violoncelle. Ma chère épouse dit que les sentiments conjugaux sont doublement améliorés si le mari est un bon chronométreur. Elle approuve le triple temps ; et c'est pour cette raison que j'avais autrefois un domestique qui jouait dans notre chambre tous les dimanches soirs, jusqu'à ce que nous dormions. Et depuis que je suis devenu castrat , j'ai pris l'habitude de faire de l'eau de temps en temps, comme un cochon ; et je peux dire que je crois, par souci d'exactitude de l'oreille, que je ne suis dépassé par aucun musicien moderne.

Là-dessus, ce grand homme prit une guimbarde qui se trouvait à côté de lui, et avec un pincement, un pincement, un pincement, passant son doigt sur ses lèvres et faisant des grimaces dans le temps le plus précis, il en sortit une harmonie si lascive, comme ravie. mon âme même, et je jetai la douce Miss *Ferni* dans les convulsions les plus agréables.

Pendant notre dîner, deux serviteurs du Docteur nous divertirent avec de nombreux morceaux de musique excellents et solennels. En effet, j'étais si soucieux de couper et de manger ma viande à temps, comme je pensais que mon caractère dépendait de cette circonstance, que malheureusement je me suis coupé les lèvres, de sorte que le sang m'a beaucoup effrayé ; et la douce Miss *Ferni* s'occupait si sérieusement des violoneux que, lorsqu'ils changeèrent brusquement l'heure de *adagio* à *sestina* , elle avala la cuillère en ivoire sortie d'un pot de moutarde ; ce qui, comme cela lui restait dans la gorge, a dû, j'en suis sûr, avoir causé une douleur exquise à cette excellente jeune femme, mais elle a toussé et a même vomi à plusieurs reprises au moment le plus précis, et a crié de peur de la manière la plus harmonieuse sur toute la gamme, d' *un* à *g* inclusivement, longtemps après que la cuillère ait été remise à sa place.

---

# SHEFFIELD.

DR. *Dilettanti* a eu la gentillesse de me faire cadeau d'une place dans la diligence pour *Sheffield* sur ma route vers *York* , afin que je puisse m'enquérir de l'état actuel de la musique de cette ville et de cette cathédrale. Parmi les autres passagers, il y avait un monsieur d'aspect grave ; qui, comme il ne s'occupait pas de moi à l'auberge, lorsque je jouais un solo des plus enchanteurs sur mon hautbois, parut d'abord n'avoir pas d'oreilles, mais après une conversation ultérieure, je trouvai en lui un compagnon des plus agréables. Il a vanté l'ingéniosité des fabricants *de Sheffield* et m'a parlé d'un nouvel instrument de musique, plus compliqué, pensait-il, et plus bruyant qu'un orgue. Le lendemain, il a eu la gentillesse de m'accompagner pour entendre ce nouvel instrument organique. La première chose que j'ai pu observer était un certain nombre de tuyaux en fer et une roue hydraulique pour actionner le grand soufflet, comme cet orgue dont il y a une empreinte à *Kempleri Musurgia* . Lorsque la roue était en mouvement, j'observais un grand nombre de notes plus hautes que dans n'importe quel orgue que j'avais jamais entendu ; on leur dit que ces gens ingénieux avaient trouvé que le seul moyen de les produire était d'aléser des canons de fusil : à eux, une symphonie était apportée par des limes qui coupaient les dents de grandes scies, et les sons doux de deux grands marteaux, qui par intervalles, des coups frappés sur de gros morceaux de fer chauffé au rouge produisaient un concert plus formidable et plus émouvant que tous les coups mélangés de l'orgue de *Cecilia*
.

Ayant payé un shilling aux interprètes de cette prodigieuse pièce d'harmonie, dont mon grave compagnon parut très ravi, et écouta mes remarques à ce sujet avec la plus grande avidité et approbation ; « Signor *Collioni* , dit-il, vos observations m'enchantent ; la musique la plus ancienne, comme vous l'expliquez bien, était faite avec des marteaux frappant sur des enclumes, comme l'a inventé *Tubal Caïn* , et pratiquée dans la boutique de son successeur, *Vulcain* , bien que *Saturne* soit censé avoir été le premier des *castrats* . Mais cette invention n'était pas complète, Signior *Collioni* , elle n'était pas complète, jusqu'à ce que cet excellent aigu fait par des fusils ennuyeux et des scies coupantes soit ajouté. — Il est maintenant devenu le véritable chromatique ancien, célèbre, perdu depuis longtemps et déploré depuis longtemps. , que ce *païen* , *Platon* , qui avait sans doute des oreilles d'âne, a expulsé de sa république artificielle.

« Vous avez sans doute raison dans vos conjectures, répondis-je, M. *Hummings* , (car c'était le nom de mon aimable compagnon) c'était une musique comme celle-là, qui pouvait désenchanter la lune, et faire danser les arbres et les pierres *allemandes* . Le croiriez-vous, M. *Hummings* , j'ai moi-même guéri une fille atteinte d'une tarentule avec ce simple basson ?

« *Trut, tourrut, phub, phub, buisson !* — C'était l'air, M. *Hummings* , vous l'entendrez — — *trut, turrut, phub, phub, bush* : — la jeune fille se levant de son attitude mélancolique, dansa jusqu'à ce que la sueur coule jusqu'au bord de son jupon écarlate ; et après que je lui ai offert un peu d'argent, je suis devenue si vive qu'elle s'est déshabillée comme le roi *David* et a dansé comme un *Heinel* . Je peux vous assurer, M. *Hummings* , que j'ai chassé le mauvais esprit et que je l'ai guérie de sa tarentulisme cette nuit-là.

« Ce n'est pas sans rappeler cela, c'est un fait enregistré par le divin *Homère* . *Ulysse* avait une large déchirure à la cuisse causée par un sanglier, un animal terrible, M. *Hummings* : eh bien, et que s'est-il passé ? deux furent joués, le sang fut arrêté ; et au fur et à mesure que les violons avançaient, la blessure se contracta, et au moment où ils eurent fini *Alley Croaker* , *Moggy Lauder* et *A Lovely Lass to a Fryar come* (qui sont tous des airs *grecs anciens* , monsieur), la blessure était complètement guérie, et la cicatrice aussi lisse que le dos de ma main.

Au cours de cette conversation, un malheureux accident s'était produit près de chez nous. L'un des interprètes du marteau et du fer s'était cassé la jambe en tombant. Un chirurgien fut envoyé chercher en toute diligence, mais M. *Hummings* dit que je ferais aussi bien d'essayer l'effet du basson sur lui ; et, me montrant du doigt, il dit aux gens qu'ils n'avaient pas besoin de chercher plus loin, car j'étais supérieur à n'importe quel chirurgien. Là-dessus, dénouant mon sac vert, l'homme s'est écrié, il a supplié qu'aucun instrument ne soit utilisé. "Non, (dis-je), rien qu'un instrument de musique." J'ai donc commencé avec un léger bruit, et j'ai joué et chanté alternativement : « *Vous n'irez jamais plus tôt au ferry stygien. Ne laissez pas vos nobles esprits être abattus, mais buvez, buvez, buvez et soyez joyeux.* "-" Donnez-moi de la bière, (crie le blessé) J'aime ça, docteur. Ensuite, j'ai soufflé jusqu'à ce que j'aie failli m'éclater les joues, puis j'ai chanté : *Si c'est une joie de blesser un amant* ; mais l'os ne voulait pas se tricoter : — en fait, je ne pourrais pas le faire du tout — et je ne crois pas, comme l'a dit M. *Hummings* , que si le Dr *Mus* lui-même et tous les musiciens de Grande-Bretagne, violoneux, violoncelles, doubles des violoncelles, des trompettes et des trompettes marines, ainsi que tous *les maestro di Capella* d' *Italie* , auraient pu confectionner cet os tricoté, ce qui, je suppose, était dû à l'habitude scorbutique du corps du patient ; en fait, M. *Hummings* l'attribuait entièrement à cette cause ; car le sang s'est arrêté avant que j'aie fini la première chanson.

---

# YORK.

RIEN de digne de remarque ne s'est produit pendant mon voyage d'ici à *York* ; mais à mon approche de cette ville célèbre, mon cœur bondit de joie dès que j'aperçus les tours de la cathédrale ; ici, dis-je, je serai très caressé et suivi, j'ose le croire, car il y a tant de *Dilettanti* qui résident dans l'enceinte de cet ancien siège de musique et de superstition. Cette lettre, dis-je, est d'une valeur inestimable, en la sortant de ma poche et en lisant la direction : « Pour cet incomparable musicien et antiquaire, le docteur *Harold* ; » il accordera sans doute une grande attention à ses amis de *Lincoln* , qui m'en ont fait l'honneur. Le valet de pied me fit entrer dans un salon élégant, où il y avait une horloge à carillons, si bien conçue que l'on voyait saint *Pierre* , saint *Paul* et la *Vierge Marie* sonner alternativement sur les cloches, et par un doux trio annoncé chaque heure de l'heure. jour. Le Dr *Harold* était, semble-t-il, à ses dévotions, qu'il effectuait toujours à l'imitation de ce grand et fervent musicien, le roi *David* . C'était une silhouette grande et osseuse, au teint basané et aux yeux clairs. Pendant que je m'asseyais, il ne me fit pas attention, mais continua à danser avec une harpe à la main, sans sa culotte, et avec sa chemise de nuit et sa chemise remontées au-dessus de sa taille ; et tandis qu'il tournait ses postérieurs bruns d'un côté et de l'autre, dans les girations de la danse, toutes les femmes et les enfants qui regardaient par la fenêtre de son salon riaient, faisaient des grimaces et montraient une variété de gesticulations et de bruits indécents. Rien de tout cela, cependant, n'interrompit les dévotions de ce grand homme.

Jamais des airs aussi charmants n'ont été tirés d'une harpe mortelle, *cambrienne* ou *éolienne* ! la danse était la Dévotion elle-même sous forme humaine ! Après un petit rafraîchissement, cet illustre musicien a daigné me divertir avec plusieurs détails intéressants sur sa manière de vivre, que je vous ai demandé de copier dans mon portefeuille en sa présence.

Il se levait chaque matin lorsque son carillon sonnait onze heures (car, comme le célèbre *chevalier Gluck* , il est trop grand génie pour se lever tôt) et restait généralement bouche bée tout le temps que sa dame enfilait sa culotte. Au petit-déjeuner, il mange toujours des petits pains et du beurre, que ce soit en été ou en hiver ; et après son petit-déjeuner, il rendit visite à *Cloacina* , mais m'assura qu'il n'avait jamais utilisé de vieux livres de musique à cette occasion, pour quelque raison que ce soit. Il se retirait vers dix heures pour se reposer, et manquait rarement une fois par mois de complimenter sa dame de l'avoir déshabillé.

Il me communiqua bien d'autres détails de moindre importance, et fut si obligeant de me supplier longuement de le traiter avec un air ou deux au basson.

J'ai pensé que c'était une bonne occasion de lui donner un échantillon de mes talents poétiques, ainsi que de mes talents musicaux, et j'ai interprété la chanson suivante, que j'ai composée à *Gotham* il y a plusieurs années.

« Certains sont venus dans un chariot, d'autres dans une charrette ;

Et il y en avait beaucoup qui n'ont rien fait d'autre que f—t :

Oh ville rare *de Nottingham* , ville *de Nottingham* !

*de Nottingham* ; Oh, rare ville de *Nottingham* ! »

La douceur des notes de mon basson, instrument dont le timbre est si semblable au son qu'il devait représenter, ravissait ses oreilles, qu'il pendait tout à fait sur chaque épaule, pendant tout le temps de mon exécution.

J'ai dormi cette nuit chez le Dr *Harold* et je lui ai emprunté une chemise et une paire de bas. Au déjeuner, j'en profitai pour lui faire part de l'étroitesse de ma situation ; mais il fut soudain pris d'un accès de dévotion ravissant, et remontant sa chemise de nuit jusqu'à sa taille, il se mit à chanter, à danser, à cabrioler et à donner des coups de pied, à un tel degré que personne dans la pièce n'était en sécurité. Je courus vers la porte pour sauver mes tibias, et le Docteur se levant les deux pieds en l'air comme un Arlequin, me donna un tel coup de cheval sur la croupe, en chantant en même temps la *Marche en Saul* , que je descendis dans la salle. j'ai descendu cinq marches, la tête en avant, et j'ai fait craquer mon basson à vingt endroits.

Pendant six heures, je suis resté à la porte, mais un domestique m'a dit par la fenêtre que le docteur exécutait toujours sa danse de dévotion ; et pour autant que je sache, ce grand homme peut danser jusqu'au jour du jugement dernier, car je n'ai jamais pu obtenir d'autre réponse à sa porte.

A une réflexion plus mûre, je trouvais ce genre de traitement très dur de la part d'un frère musicien, et à qui j'étais si bien recommandé ; mais je me consolais en considérant que, bien que mon basson fût brisé en divers endroits, j'avais néanmoins conservé la chemise et les bas du docteur ; et qu'il était très probable que mon grand prototype, le Dr Mus lui-même, ait souvent subi le même traitement, bien que sa modestie l'ait porté à le cacher.

---

# DURHAM.

DE cet endroit à *Durham,* j'ai dû voyager à pied ; et en jouant le *Black Joke* , *Murdoch O'Blaney* et d'autres airs sentimentaux aux filles des villages que je traversais, je me procurai de la nourriture et un logement que mon frère du String m'avait refusé. À *Darlington* , j'ai rendu visite au *Maestro di Capella* , ou clerc de la paroisse, qui, je puis affirmer, avait la plus belle nasalité, ou intonation du nez, qui ait jamais été donnée aux *psaumes* de *David* ; et la mélodie de son *Amen* était tout à fait étonnante.

Mon basson fut si bien reçu dans cette église que la dame du Squire m'invita à dîner. « Bon signor *Collioni* , dit-elle, vous m'avez charmée, vous m'avez ravie ; je vous prie, le vent qui s'échappe au bout de votre instrument a-t-il une odeur ? dis-je, non, madame, pas à moins que je mange des oignons. À cela, toutes les dames rirent avec extravagance.

Cependant, après le dîner, le squire m'a donné une lettre de recommandation au grand M. *Eccho* de *Durham* , principal interprète appartenant à cette opulente cathédrale ; et il me dit en même temps que M. *Eccho* s'était si longtemps appliqué aux notes de musique, qu'il avait complètement oublié tout langage articulé. Qu'il prêchait, conversait, priait, grondait, jurait, blasphémait et blasphémait, tout cela sur le violon, sans prononcer un mot, ni même faire un signe avec ses doigts.

Lors de ma présentation auprès de ce grand homme, je commençai un long discours complimentant que j'avais étudié depuis quelque temps : « Très respectable monsieur, dont l'âme est une âme d'harmonie et dont le corps est comme une vile viole. » — Ici, il saisit son violon avec un air de grande complaisance, et tirant doucement l'archet sur les cordes, il dit, aussi clairement que s'il l'avait parlé. « Oh, monsieur, votre très obéissant ; vous me complimentez vraiment trop, monsieur. Je lui racontai alors combien de temps j'avais fait un voyage à pied, et que les chemins poussiéreux m'avaient asséché. Il attrapa son violon, et avant d'avoir joué plus d'une mesure ou deux, entra un valet de pied avec une cruche de bière délicate. Ensuite, je mentionnai modestement que je n'avais rien mangé de la journée. —— « *Trut, trut, bish, bash, bush* », cric le violon. « En effet, monsieur, répondis-je, je ne jeûne pas par dévotion. "——" *ir, euh, ar, querr, quorr, quurr* "- dit le violon, et un surlonge de bœuf froid, de la moutarde et du pain entra, en un clin d'œil d'un bâton de violon.

Ce gentleman, dis-je, est plus grand qu'Orphée , ou *Eurydice* , ou le *Serpent* ; non, non, *Orphée* ne pouvait pas faire de telles choses ; la bière et le bœuf étaient une note ou deux au-dessus de son violon !

*Eccho* entra , avec un "Pourquoi diable faites-vous venir des mendiants dans ma maison?" *Eccho* a rattrapé le violon, et je n'ai jamais entendu un tel jargon « *arg, erg, urg, gir, gor, gur* » — je vous garantis que madame est devenue aussi bête que si elle était enchantée.

En effet, en entendant cette dame me donner le nom infâme de mendiant, j'ai pris soin de lui montrer la bague en diamant à mon petit doigt, que je porte toujours lorsque je me produis en public, ce qui pourrait lui donner une meilleure opinion de moi, même si en effet n'est qu'une pierre de Bristol, et que je paie un orfèvre deux pence par semaine pour l'utiliser ; et j'aurais loué un gilet lacé, mais on m'a demandé un shilling par semaine, même si je suis sûr que la dentelle avait été retournée deux fois ; pourtant, si je l'avais embauché, j'ose dire que le Dr *Harold* ne m'aurait guère expulsé de sa maison.

# CARLISLE.

À *Carlisle* J'ai attendu Lord *Diddle-doodle* avec des références musicales appropriées : il était assis devant un verre, pratiquant quelques solfèges au violon et attentif à la grâce de sa propre attitude. « Très illustre pair, dis-je en s'inclinant jusqu'au sol, vos nobles ancêtres ont remporté la victoire sur les rudes champs de guerre, mais vous, par la musique, civilisez et harmonisez l'humanité ; avec quel ravissement doivent-ils se pencher de leurs demeures étoilées pour voir et entendre vos pouvoirs immortels d'harmonie et de grâce ! » Je m'arrêtai, et en levant les yeux, je constatai que Sa Seigneurie n'avait pas prêté attention à un mot de ce que j'avais dit, et ne semblait pas non plus avoir conscience de ma présence dans la pièce ; mais comme les grands génies sont souvent absents, j'ai répété mon compliment plus fort. voix, et s'approchant, fut étonné de constater que Sa Seigneurie était tout à fait sourde, sourde comme un poteau ; et pourtant il exécutait les passages musicaux les plus difficiles avec la plus grande grâce et la plus grande manière, mieux, j'ose dire, que s'il avait entendu sa propre interprétation.

Lorsque Sa Seigneurie m'eut aperçu, il s'approcha de moi avec la plus grande politesse et me fit signe de m'asseoir et de l'accompagner au basson, ce que je fis jusqu'à l'heure du dîner. Après le dîner, j'ai supplié ma dame *Diddle-doodle* de persuader le noble seigneur de chanter, ce qu'il a fait ; mais j'ai été plutôt déçu de constater que sa voix n'était qu'un fil de discussion [3] . Cependant, il chantait juste ; a tremblé et était loin d'être vulgaire. Ma dame fit ensuite amplement amende honorable en chantant elle-même. Sa voix était une écheveau de soie, sans le moindre mélange de laine. Elle comprenait toutes les lumières et nuances de la mélodie. Son parcours ; ses manières noires ; et ses clairs-obscurs étaient charmants, et il y avait une telle rondeur et une telle dignité dans tous les tons, que tout ce qu'elle faisait devenait intéressant.

[3] « Sa voix n'est plus qu'un fil. »

TOURNÉE EN ITALIE.

C'est dans cette partie de *l'Angleterre* que j'ai rendu visite à M. *Quaver* , avec des lettres de recommandation de lord *Diddle-doodle* ; Je l'ai trouvé un gentleman d'un génie musical considérable et original ; son goût était pur, chaste, raffiné ; et son exécution, en particulier sur la guimbarde, était exquise ; il exécuta avec beaucoup de goût et de pouvoirs *Nancy Dawson* , *Lillabullero* et *le vieux Sir Simon le roi* . Après le dîner, il m'expliqua son système d'amélioration du son, à la fois sublime et original. « L'Auteur de la Nature, dit-il, a distribué d'une main égale et judicieuse ses dons entre ses créatures : à l'une il a donné de la force ; à un autre, la dextérité ; à un troisième, la persévérance ; de la même manière a-t-il divisé les qualités agréables ; et le courtisan et le noble gentleman n'ont pas besoin de rougir de recevoir des instructions de l'épagneul et du singe. Maintenant que le philosophe modèle sa vie sur l'imitation des vertus des animaux, le vrai connaisseur fera de même. , comme s'il avait peur de s'expliquer ; mais je lui dis qu'il y avait quelque chose de si original et de si magistral dans ses conceptions que je ne serais jamais tranquille jusqu'à ce qu'il les communique. Sur quoi, après une courte pause, il me saisit la main et la serra avec affection : « Puisque, dit-il, je trouve en vous le véritable esprit de votre science, je ne garderai plus aucune réserve ; sachez donc qu'après une profonde méditation sur les mystères les plus sublimes de notre métier, je les ai remontés jusqu'à la création. dis-je avec étonnement, je pensais que les plus grands antiquaires ne les avaient jamais amenés avec certitude plus haut que le déluge. « Je savais, dit-il, que je devrais vous surprendre ; mais il est certain qu'Adam , entre autres qualités, possédait celle d'exprimer tous les sons qui ont jamais été ou peuvent être prononcés ; par conséquent, il pouvait non seulement chanter avec admiration les graves et les aigus, le contre-ténor et le soprano ; mais aussi couiner comme un cochon, croasser comme une grenouille, beugler comme un taureau, hennir comme un poulain et braire comme un âne.

« Il est vrai que la plus grande partie de ces facultés lui a été enlevée à la Chute et ont été accordées avec parcimonie à ses descendants ; de là vient cette dégénérescence dans laquelle la musique est tombée dans les âges modernes du monde : cette science sublime, au lieu d'exprimer les passions naturelles, par une imitation judicieuse des sons des bêtes ; au lieu de rugir la rage du lion ; beugler la jalousie du taureau, ou chanter les passions amoureuses du rossignol, est devenu un simple jargon insignifiant, sans force ni énergie, et ses professeurs et admirateurs sont réduits à la partie la plus méprisable de la création ; des eunuques tremblants, des prostituées insensibles, des imbéciles insignifiants, des misérables sans tête, ni cœur, ni sentiment, ni enthousiasme. contre nos *virtuoses* modernes , parmi lesquels l'envie elle-même doit reconnaître qu'il y a des personnages accomplis ; et le XVIIIe siècle se glorifiera toujours d'avoir produit un ÉLECTEUR DE MUNICH , un TENDUCCI et un MUS .

« Mais, dit mon ami, sentant que cet état de choses est lamentable, je me suis appliqué, avec une véritable et infatigable industrie, à restaurer la première harmonie *adamitique* ; J'ai sélectionné les notes les plus admirables de chaque animal, et j'ai déjà acquis une assez bonne aptitude à beugler, braire et grogner : j'ai en effet trouvé que le *grain* du paon était de deux notes trop aigu pour ma voix ; mais en retour, si je puis dire sans vanité, je peux inspirer de tendres sentiments à chaque poule et à chaque oison de la cour. J'ai, en outre, rassemblé tous les grands génies naturels que j'ai trouvés parmi la création brute ; J'ai un jeune âne qui a un bar admirable ; un jeune cochon (un *castrat* ) qui chante du contre-ténor ; et un cher petit chat, que, en l'honneur de ce nom illustre, si célèbre dans la tournée du Docteur, j'appelle MINGOTTI , qui a un excellent aigu et un *portamento surprenant* . Mais pourquoi perdre du temps en description ? vous verrez mes savants et ma *schola* .

En disant cela, il me conduisit dans un grand bâtiment qui ressemblait à une grange, où nous fûmes reçus par le *Maestro di Capella* , qui était un vieux chasseur sourd. Le premier objet que j'aperçus fut une belle ânesse en bonnet de nuit *de Mecklembourg* , *qui braillait en solo*. Sa voix était l'une des plus claires, des plus douces, des plus vraies, des plus puissantes et des plus étendues que j'aie jamais entendues. En boussole, c'est de *B b* sur le cinquième espace dans la basse, à *D* dans *alt* , plein fixe et égal ; son tremblement était bon et son *portamento* admirablement dégagé du nez, de la bouche ou de la gorge. Nous avons ensuite été divertis par un duo entre les *Mingotti* et un grand corbeau, dans le *chromatique* , qui s'est encore accru lorsque mon ami a sorti un os de sa poche, qu'il a jeté aux interprètes, et a ainsi produit une *conflicta* . J'ai alors dit à mon ami que j'entendrais volontiers le *castrat* , mais il m'a dit qu'il craignait que les *Caffarelli* ne puissent pas m'obliger sur ce point, car il avait malheureusement pris froid en se roulant trop longtemps sur un fumier non aéré, et se trouvait alors effectivement dans une cure de sucre candi. Cependant, il a lancé un navet pour l'encourager à s'exercer, et j'ai pu juger, d'après ce que j'ai entendu alors, qu'il est susceptible de devenir un interprète des plus magistral.

Mon ami a ensuite attaché des cordes aux oreilles de six jeunes chiots lévriers, qu'il a fait trembler avec tant d'art et de jugement au moyen d'une poulie, que je pense que l'effet était égal à n'importe quelle *viole de gambe* que j'ai jamais entendue, sauf que de l'Électeur de *Munich* .

Mon ami suspendit alors deux chats par la queue, qu'il s'arrangea pour qu'ils se balancent alternativement sur le nez de deux cochons de lait, qui étaient attachés au sol par les pattes postérieures : bien que j'aie observé que ces interprètes étaient quelque peu embarrassés dans leur manière, pourtant je Je ne pouvais que reconnaître que l'effet était tout à fait original et véritablement théâtral.

M. *Quaver* me raconta alors qu'il avait autrefois amené certains de ces interprètes à chanter lors d'un concert, mais sans succès : et il se plaignit beaucoup de l'impolitesse du public, qui, disait-il, pouvait s'asseoir avec patience trois heures pour écouter le des trilles insignifiants de héros en jupons et de vagabonds *italiens* dans une langue étrangère, alors qu'ils ne consacreraient pas une demi-heure à la voix de la nature et de leurs frères. Même si j'ignorais tout à fait les faits auxquels il faisait allusion, pourtant, comme le Dr MUS , j'avais un tel faible pour les talents, partout où je les trouvais, que je ne pouvais m'empêcher de présenter mes condoléances à mon aimable hôte à cette occasion ; et après avoir déploré la dégénérescence des temps et lui avoir souhaité du succès dans son entreprise vraiment originale, dont je lui ai promis de tenir dûment compte dans mon projet de travail, je me suis mis en route pour *Bristol*.

Si j'avais été riche, j'aurais été d'accord avec un cocher qui partait à ce moment-là, et je me serais proposé de me porter, moi et mon basson, dans le panier, pour seize shillings. Mais comme les richesses ne sont pas toujours les compagnes du génie, j'ai plutôt choisi de prendre place dans un charbonnier, qui devait arriver dans cette ville dans trois jours. Ici, comme le temps était extrêmement beau quand je m'asseyais dehors, je voyageai très agréablement le premier jour, et je dînai de pain, de fromage et de bacon froid, sans faire aucune observation digne d'être communiquée au public, sauf que j'ai vu un homme. debout sur la rive et pêchant le naseux, malgré la précocité de la saison.

Le deuxième jour, alors que le vent tournait brusquement de l'ouest au nord-est, il était brumeux, pluvieux et si extrêmement froid que je fus obligé, faute de la mauvaise couverture du Dr MUS , de glisser mes jambes et mes cuisses dans un sac de charbon; nous nous arrêtâmes vers deux heures à *Averley* , petit village au bord de la *Severn,* pour dîner ; et ici, je ne peux m'empêcher d'informer le monde que M. *Bangor* , au signe de la *Chèvre bottée* , est un propriétaire extrêmement civil et poli, et n'a aucun goût méprisable en matière de musique. Lorsque je lui ai fait part de mon intention de faire cette expédition, il m'a très obligeamment conduit dans sa salle, qui était ornée de divers morceaux de musique anciens, tels que *Chevy Chace* , *Les Enfants dans le bois* , *Trois enfants glissant sur la glace* , *L'histoire de Saint-Georges* , etc. avec lequel il m'a gentiment permis d'enrichir ma collection. Je le priai instamment de me permettre de tirer les notes d'un sifflet incomparable pendant qu'il l'exécutait, ce qu'il obtint finalement avec beaucoup de difficulté, à condition cependant que je ne l'imprime pas. Mais j'ai été plus que tout surpris et charmé de sa générosité, en glissant un morceau de talon de vache frit dans ma poche, et en insistant pour me traiter avec un verre avant d'entrer dans le froid.

Alors que je descendais vers la rivière, j'ai remarqué un garçon qui fredonnait l'air de *Yanky Doodle* ; et comme je savais que c'était un air extrêmement populaire dans certaines parties de *l'Amérique* , j'ai supposé que cette partie de *l'Angleterre* était originaire de ce continent.

---

# BRISTOL.

TARD le lendemain soir, nous arrivâmes à *Bristol*, ville grande et peuplée, plus célèbre pour son commerce, ses manufactures et autres bagatelles que pour son goût pour la musique. Ils n'y ont fait établir que récemment un théâtre régulier pour civiliser et polir les mœurs grossières des dissidents, qui auraient même réussi dans l'opposition farouche qu'ils ont faite à cette mesure salutaire, si les évêques n'avaient épousé la cause des beaux-arts ; Je ne doute donc guère qu'ils découvriront bientôt que « la musique est tellement liée aux choses sacrées et importantes, ainsi qu'à nos plaisirs, qu'elle semble nécessaire à notre existence » : ils deviendront alors rapidement amis des orgues, et à côté des opéras. En approchant de la ville, j'eus le plaisir de voir les bataillons de la principale milice, qui faisaient une apparition des plus redoutables, et marchaient au bon moment vers les os à moelle et les couperets, ce qui produisait un effet admirable et était extrêmement animé. Je m'arrêtai à la *Tête de Chien dans le Pot à Porridge* , et après avoir poudré ma perruque avec un peu de farine, coupé ma barbe avec une paire de ciseaux et retourné ma chemise, j'allai attendre le Signor *Manselli* , à qui j'avais des lettres de recommandation. Quand j'eus frappé à la porte et demandé si le signor était à l'intérieur, on me répondit qu'il l'était, mais que je ne pouvais pas le voir, car il était alors occupé à exécuter ses vocalises. Cette réponse, soyez-en sûr, redoubla ma curiosité, et je répondis : « Si un pauvre musicien, pourtant j'espère, non inconnu, peut être jugé digne d'être un spectateur inaperçu des méditations du Signor, je promets de ne pas interrompre ses rêveries. et peut-être que le signor lui-même ne sera pas mécontent que vous lui présentiez un *Collioni* !

Lorsqu'il apprit que j'étais musicien, il s'inclina respectueusement, et me priant d'ôter mes chaussures, comme lui-même, il me conduisit chez le Signor. Quand nous arrivâmes à la porte, le domestique me pria d'enlever mon habit, mon gilet et ma perruque, et de me faufiler par un trou qu'il me montra au bas de la porte, car il m'assura que le Signor ne souffrait même pas d'être couronné. il se dirige vers lui dans ces moments d'enthousiasme, sans prendre ces précautions ; « et monsieur, dit-il, vous ne devez pas considérer cette situation comme humiliante, car j'ai vu beaucoup de personnes de la première mode, parmi lesquelles se trouvaient plusieurs femmes enceintes, se soumettre à la même cérémonie.

Je n'ai pas hésité un instant à me conformer à l' *étiquette habituelle* , mais me déshabillant jusqu'à la chemise, je me suis glissé dans la pièce avec le même silence affreux avec lequel les anciens prêtres s'approchaient du trépied de leur Dieu. Après m'être posté derrière un grand paravent, je vis le Signor étendu sur le ventre, tandis que deux jeunes et belles dames lui caressaient doucement le dos de la paume de leurs mains. Il resta quelques minutes pensif et silencieux, comme s'il attendait les inspirations de la divinité. Enfin, tout d'un coup, « ses yeux se fixèrent, sa lèvre inférieure tomba et des gouttes d'effervescence distillèrent de tout son visage ». Immédiatement, des explosions de l'intonation la plus musicale que j'aie jamais entendue, jaillirent de derrière et ravirent toute la compagnie. Après cela, il toussa, éternua, hoqueta, éructa, couina et siffla successivement de la manière la plus harmonieuse qu'on puisse concevoir. « Grâce au ciel, s'écria le signor, mes pouvoirs d'harmonie sont encore intacts : je vivrai encore pour bénir le monde et polir cette nation brutale. En disant cela, il prit son violon et joua un solo des plus divins. Je l'entendis quelque temps dans une extase silencieuse, jusqu'à ce qu'enfin, incapable de réprimer plus longtemps mon émotion, je me précipitai dans ses bras en criant ou plutôt en pleurant à l'imitation du grand *Cassarelli* : *Bravo ! bravissimo! Manselli, c'est Collioni qui vous l'a dit*. Le Signor parut quelque peu surpris de ma brusque introduction, mais enfin, se ressaisissant, il me reçut avec une politesse ineffable. Les dames, à mon arrivée, avaient crié et quitté la chambre, ce que nous n'avions pas remarqué dans la première précipitation de nos embrassements. Mais bientôt le signor, baissant les yeux, se reprit et dit avec chaleur et emphase : « Oh, oui, signor *Collioni* , je tenais pour acquis que vous étiez l'un des NÔTRES . Je rougis de cette imputation et dis : « J'espérais que ce défaut ne me diminuerait pas dans son estime, puisque mon pays n'était pas encore assez civilisé pour avoir adopté cette coutume ; et bien que certains membres de notre première noblesse aient eu l'esprit et le goût de montrer la voie, il y avait pourtant dans les conceptions grossières des *Anglais* un certain degré de ridicule qui dissuadait plusieurs hommes par ailleurs de la plus exquise politesse de se soumettre à il." Le Signor a eu la bonté d'admettre mes excuses, mais il a déploré cela comme le plus grand obstacle au progrès national dans la science de la musique. Cependant, il affirma que plusieurs jeunes nobles *anglais* fortunés avaient, à sa connaissance, subi cette opération en *Italie* , « et bien que, ajouta-t-il, un homme ordinaire puisse être exempté de cette pratique, elle est néanmoins indispensable pour celui qui comprendrait tous les mystères de l'art, et imiter les noms illustres de *Senesino* , *Farinelli* , *Tenducci* , etc.

J'avoue que j'ai été très stupéfait par ce qu'il a dit, d'autant plus que je commençais moi-même à douter de la compatibilité entre les caractères d'un homme et d'un musicien.

Je lui fis entendre, que j'avais entendu dire autrefois, qu'un certain grand personnage, *tàm Marti quàm Mercurio* , également illustre par ses talents martiaux et musicaux, avait adopté cette pratique ; mais comme le Docteur ne l'avait pas enregistré lors de sa tournée à *Potzdam* , j'imaginais que le rapport était sans fondement.

"Ah!" dit-il, croyez-le bien, bien que le docteur ait effectivement omis cette circonstance dans la description admirable qu'il donne de ce héros et du Dilettante pratiquant ses *solfèges* à *Potzdam* , il n'aurait jamais été ni le monarque, ni le flûtiste qu'il est. sans ça. Croyez-vous, ajouta-t-il, que cet illustre philosophe ait pu s'amuser si tranquillement dans son cabinet avec des fugus et des adagios, tandis que dix mille veuves et orphelins *polonais* imploraient des malédictions sur la tête de leur insensible destructeur, à moins qu'il ne se soit totalement dégagé de son engagement. toutes les charges de son sexe et de son espèce ?

Ici, l'entrée des jeunes dames interrompit toute autre conversation à ce sujet. L'aînée, sa nièce, qui s'appelait *Gluckinella Inglesina* , me demanda de chanter, ce que je fis du ton le plus doux et le plus grossier que je pouvais exercer, afin de ne plus offenser. Je lui ai demandé quelle était sa véritable opinion sur ma voix ? elle me répondit avec la plus parfaite affabilité, que je m'en acquittais assez bien *en considérant* ; cependant, "elle me pensait trop ambitieux pour montrer mon talent dans les pièces et les sujets, et a ajouté que ma *cantilène* était souvent grossière."

J'ai profité de l'occasion, lorsque j'étais seul avec cette jeune dame, pour demander si les *castrats* étaient très en vogue à *Bristol* , et si cette opération pouvait être tentée avec autant de sécurité sur des messieurs âgés ; cette jeune dame sourit de ma simplicité et m'assura que l'opération était sûre et facile, qu'elle n'était pas assez pénible pour acquérir un quelconque degré de résolution, et que les *castrats* étaient les favoris des dames, mariées ou célibataires. Elle me conseilla vivement de me faire opérer comme le docteur l'avait fait en *Italie* , quoique son excès de pudeur l'empêchât de s'en vanter dans son excellent traité. Elle ajouta qu'elle ne pourrait m'aimer en toute sécurité, à moins que je ne m'y soumette pour elle.

Cette déclaration d'une jeune dame pour laquelle je sentais maintenant que j'avais reçu la plus ardente affection, me causa une grande inquiétude ; mais cette affection était purement platonique et spirituelle, car elle n'avait pas plus à se vanter de ses charmes personnels, d'après ce que j'ai jamais découvert, que *Mingotti* elle-même. Outre l'inconvénient d'une contorsion de l'ogle, appelée vulgairement loucher, et d'un très long nez rouge, elle avait une bouche qui, bien qu'ouverte d'une oreille à l'autre, ne découvrait à l'œil que les tristes restes de l'œil. une dentition en ébène, qui ressemblait plus aux ruines d'une vieille cathédrale, qu'à l'ivoire poli qui orne la bouche comique de la célèbre Mme *Ab-ngt-n* . Il y avait encore une autre circonstance qui dégoûtait le sensualiste et le dissuadait d'approcher cette Syren avec une familiarité inappropriée ; et c'était là le caractère très offensant de son haleine, qui était si violente, que toute personne non « déterminée » comme moi « à n'entendre, à voir » et à ne sentir « que de la musique », aurait pu penser qu'elle était à peine expiée par la douceur de son souffle. sa voix. Cependant aucune de ces circonstances n'a atténué l'ardeur de mon attachement spirituel, fondé sur une base solide, l'amour du chant ; c'était l'harmonie incarnée, l'âme mélodieuse que j'adorais. Le lecteur qui ignore la différence entre une passion sensuelle grossière et une sympathie sublime et harmonieuse sera peut-être surpris lorsque je lui dirai que, tandis que j'étais ainsi dévoué à la divine *Gluckinella* , j'étais en même temps personnellement captivé par les attraits corporels d'une petite bohémienne aux yeux noirs, femme d'un barbier de la ville, qui me rasait souvent pour un air ; pourtant ces sentiments plus grossiers n'ont-ils pas le moins altéré ou atténué mon amour platonique musical. Je serais peut-être excusé si je cachais les progrès et l'issue de ces différents amours ; mais ils sont si intimement mêlés à la partie scientifique de mon travail, et ont eu des conséquences si importantes pour moi dans ma capacité professionnelle, que je ne doute pas que le récit se révèle d'une grande utilité à mes frères. Car ce n'était pas une tentation commune qui m'a trompé ; Même si Mme *Sharpset* était incroyablement belle, j'aurais pu résister aux « flatteries de la beauté », si le désir de faire des expériences dangereuses sur le pouvoir et les effets de la musique sur la passion féminine ne s'était emparé de mon cerveau. Car j'avais remarqué que l'imagination de cette jeune femme était extrêmement vive et dépassait de loin celle de son mari, qui était un homme simple et ennuyeux avec peu de feu ou d'enthousiasme dans sa composition. Je l'apercevais clairement dans tous ses gestes et dans tous ses mouvements, mais quand je chantais quelque air tendre et sentimental, ses soupirs involontaires, ses rougeurs et son attitude langoureuse trahissaient trop clairement l'irritabilité de ses nerfs et cette belle susceptibilité aux émotions douces avec laquelle la nature a doté le sexe. Il n'est pas étonnant que, dans un état de nature grossier et inculte comme je l'étais alors, j'ai attrapé le feu subtil de ses yeux contagieux. Ah ! combien de fois ai-je chanté la *douce passion de l'Amour* sans penser une seule fois à ma chère *Gluckinella* ; combien de fois a-t-elle rappelé mon *Ô comme il est agréable de plaire* , sans le moindre souvenir de son barbier absent ! Follement déterminé à poursuivre l'expérience fatale et à observer tous les effets de mon art ; J'ai ensuite chanté « *Hâte-nous, allons à l'île de l'amour* » , au cours de laquelle Mme *Sharpset* était très agitée et dansait dans la pièce. Puis j'ai joué un volontariste ravissant « produit dans les moments heureux d'effervescence où ma raison était moins puissante que mon sentiment » ; et enfin j'ai procédé à un tel excès de témérité, qu'il m'a fallu accorder *Geho Dobbin* , *Murdoch O'Blaney* et plusieurs autres compositions incendiaires ; et trouvant ma maîtresse « attentive et disposée à être contente, je m'animai à ce véritable degré d'enthousiasme qui, de l'ardeur du feu intérieur, se communique aux autres et s'enflamme tout autour, de sorte que la dispute entre l'interprète et l'auditeur, il n'y avait que celui qui devait plaire ou qui devait applaudir le plus, jusqu'à ce qu'à la fin, non contente de montrer son approbation en toussant, en ourlant et en se mouchant », elle « exprima son ravissement d'une manière qui lui était propre, et semblait agoniser d'un plaisir trop grand pour le sentiment douloureux ! » car enfin, accablée par mes tics et mes tremblements, et transportée au-delà de toutes les limites de la prudence, Mme *Sharpset* sauta tout d'un coup dans mes bras, se pendit à mon cou et me dévora de baisers avides, tels que je n'en avais jamais goûté auparavant ni jamais. depuis. Quel homme, quel dieu non masculin aurait pu résister à des pièges aussi puissants ? Ah ! ma sereine *Gluckinella*, tu avais été là, ces tumultes s'étaient tous apaisés, le diable n'avait pas pris entièrement possession de mon esprit, de ma voix et de mon instrument, et je n'avais pas non plus eu besoin de l'opération douloureuse de l'acier vengeur du barbier pour ramener mes esprits errants à raison : car bientôt, et au milieu de nos joies illicites, la porte de la chambre fut ouverte de force, et M. *Sharpset entra précipitamment* . — Des serments et des malédictions discordants, et le regard et la voix d'une fureur faisant une incantation pour se réveiller. les morts, ont parlé au mari blessé et nous ont fait sortir du lit en faisant peur. Il se retira un moment pour aller chercher l'instrument de sa vengeance. Mme *Sharpset* s'est échappée, mais en un instant je l'ai vu revenir en train d'aiguiser son rasoir le plus aiguisé ; et concluant qu'il avait l'intention de me trancher la gorge sur-le-champ, je tombai à ses pieds et, dans une agonie de peur et de pénitence, je rugis un tel MISERERE , comme on n'en a jamais entendu dans la chapelle du Pape pendant la *Semaine de la Passion* . Hélas! comment aurais-je souhaité le génie d'un *Gluck* « pour peindre *ma* situation difficile occasionnée par une misère compliquée et la fureur tumultueuse de passions effrénées ! » Mais *Allegri* lui-même, s'il avait chanté son propre MISERERE , n'aurait pas pu émouvoir l'âme implacable du rasoir, ni apaiser son honneur blessé en le mettant dans les bras et en exigeant sa victime ! J'ai essayé une variété plus douce et j'ai chanté d'une humeur fondante : « *Que ton sein ne fasse pas rage, la réclamation plus douce de la pitié enlève* », etc. mais tout n'en faisait qu'un : il attachait toujours son inexorable rasoir, fredonnant une chanson de *Bravura* , dont le sujet était la castration du diable par un boulanger ; (ce qui, soit dit en passant, est une histoire très curieuse, dont je dois enquêter plus à loisir sur l'authenticité.) J'ai immédiatement auguré mon prochain destin par le fardeau de cette chanson ; et le *Cornuto* me fit aussitôt comprendre que ma conjecture était bien fondée. Ayant eu jusqu'ici des sueurs froides et une peur corporelle pour ma vie, je me félicitai de cet échange de punition, comme une sorte de sursis, et considérant que j'avais depuis longtemps résolu, comme un autre *Grassetto* , de me faire opérer. chaque fois que je me trouvais assez audacieux pour un tel sacrifice volontaire ; Je repris courage et, avec beaucoup de sang-froid, dis au barbier qu'une mauvaise conscience était pour moi un plus grand tourment que tout ce qu'il pouvait imaginer ; mais que pour expier le crime que j'avais commis et apaiser la colère du ciel et de l'honnête homme que j'avais si profondément offensé, je me soumettrais patiemment à souffrir la juste sentence que méditait sa vengeance sur la partie peccante. Le tonsor enragé m'a pris au mot.

<hr>

La première chose qui me vint à l'esprit après m'être réveillé de l'évanouissement dans lequel m'avait plongé le paroxisme de la douleur, fut d'essayer ma voix dans son état amélioré. J'ai donc chanté *A Dawn of Hope my Soul revives*, et j'ai trouvé mes pouvoirs merveilleusement améliorés et mon exécution délicate, intéressante et pleine d'effets. « Ho, ho », s'écrie le barbier, « je suis content de vous voir si joyeux », et il reprit son ancien air de boulanger et de diable. Je lui ai dit que je trouvais méchant de sa part de m'insulter, et je l'ai supplié de me ramener chez moi, ce qu'il a très volontiers consenti à faire, et a commencé peu après à s'excuser pour les effets de sa colère, espérant que je réfléchirais à la nature de l'insulte. provocation, et ne pas tenter de lui prendre la loi. Je lui répondis qu'à condition qu'il pardonnerait librement à sa femme, dont la faute était vénielle, puisque sa vertu avait été sacrifiée au pouvoir de l'harmonie, je refuserais toute procédure hostile contre lui pour mon propre compte, condition dont il parut satisfait. , et nous nous séparâmes. — J'ai été ramené à la maison sur une mule sur laquelle je montais de côté ; et aussitôt que je descendis chez Signor *Manselli*, je le fis appeler dans ma chambre, et je l'abordai à son approche avec l'air suivant, en chantant lequel j'exerçai tous mes pouvoirs nouvellement acquis.


*Ours, ô supporte-moi tout d'un coup,*

*Une sorte de hasard souriant !*

*De ce pays du bœuf et du pudding,*

*A ma chère* Italie *ou* à notre France !


*Je suis malade jusqu'à l'âme,*

*Politique et charbon marin,*

*Alors donne-en un aux vapeurs,*

*Leurs journaux maudits,*

*Leur harcèlement,*

*Stockage*

Pendant ma représentation, le Signor parut parfaitement étonné, et enfin me saisissant la main avec ravissement : « Bienvenue », s'écria-t-il, « Ô fils de l'harmonie ! on ne peut plus le déguiser, tu es un frère, tu es l'un des nôtres » - puis, s'étendant sur la dignité et l'importance de l'ordre des *castrats* , il me pria, sinon trop épuisé, de chanter à nouveau son air favori, qui lorsque J'avais fini, s'écria-t-il avec transport : — « *nec vox hominem sonat !* J'ai du mal à croire que ce soit la même pipe ! un tel volume de voix, un tremblement si ouvert et parfait ! quelle lumière et quelle ombre ! jamais la voix ne fut moins *trouble* ! tant de clarté, d'éclat, de netteté, d'expression, d'embellissement, d'intonation, de fermeté, de modulation, de douceur et d'élégance ! et puis votre *portamento* est rond et serré comme un portemanteau, et vous prenez *l'appogiature* aussi facilement qu'un corps prendrait une pincée de tabac à priser !

J'ai été très flatté par ces éloges, mais je l'ai prié de s'abstenir et de me permettre de me retirer dans ma chambre, pour le rafraîchissement et le repos nécessaires. Il s'y conforma aussitôt et m'envoya le signor *Sougelder* , chirurgien éminent du quartier et agréable interprète de cor *anglais* ; qui après avoir appliqué un excellent pansement sur ma blessure m'a laissé dormir, et « ainsi a terminé cette journée chargée et importante, dans laquelle tant de choses ont été dites et faites ; qu'il semblait contenir les événements d'une période beaucoup plus longue ; et j'avais peine à me persuader, en me rappelant les différents incidents, qu'ils s'étaient tous produits en l'espace d'environ douze heures. Grâce aux soins aimables et habiles du Signor *Sougelder*, je fus bientôt rétabli dans ma santé et mon moral ; et mon adorable signora *Gluckinelli* me fit en peu de jours une visite de félicitations, qu'elle répéta chaque jour pendant ma convalescence. C'est dans certaines de ces charmantes interviews que j'ai découvert à quel point elle était une théoricienne profonde et à quel point elle était érudite dans la science du son. Entre autres découvertes et observations qu'elle m'a communiquées, et que je chéris et entends conserver pour le bénéfice des siècles futurs, elle m'a assuré qu'il était « réalisable avec du temps et de la patience de secouer là où la nature l'a refusé ; qu'elle pensait que le tremblement était ruiné quatre-vingt-dix-neuf fois sur cent par trop d'impatience et de précipitation, tant chez le maître que chez l'écolier, et que beaucoup de ceux qui peuvent exécuter des passages qui exigent le même mouvement du *larynx* que le tremblement, ont néanmoins Je n'en ai jamais acquis. — Il n'y a pas d'explication à cela, ajouta cette illustre demoiselle en soupirant, mais à cause de la négligence du maître d'étudier la nature et de profiter de ces passages, qui par continuité deviendraient de véritables ébranlements. .»

Pendant ma détention dans ma chambre, j'ai eu le loisir d'extraire de mon journal les observations, anecdotes et aventures qui précèdent, et que je présente au monde comme les premiers indices de mon entreprise. S'ils tendent d'une manière ou d'une autre à promouvoir l'étude et la pratique de la musique dans ce pays, et par là à atténuer notre reproche national d'être *les sauvages de l'Europe* , immergés dans la politique, la philosophie, la métaphysique, les mathématiques et d'autres spéculations aigres et abstruses, J'aurai atteint mon but et je me féliciterai d'avoir, dans une certaine mesure, aidé les efforts généreux du grand docteur musical et des gouverneurs du *Foundling Hospital* , pour polir et *Italianiser* le génie, le goût et les manières de la nation *anglaise* . .

Je n'abuserai encore qu'un instant de la patience du lecteur, pour l'informer que aussitôt que j'eus parfaitement recouvré ma santé, le signor *Manselli* institua une grande *Fête Champêtre* pour célébrer ce qu'il se plaisait à appeler ma victoire sur la chair et le diable ; et pour couronner le tout, l'idole de mon âme, la belle *Gluckinella* , eut ce jour-là la joie de daigner publiquement avouer sa passion harmonique platonique pour moi ; et de me promettre de la manière la plus attachante que si jamais elle entrait dans la sainte liste du mariage, je serais son CECISBEO .

LA FIN.